AF434633

MONASTÉRE

SRETENSKY

La foi ouvre l'âme

Вера Открывает Душу

MONASTERE SRETENSKY – La Foi Ouvre l'Âme
© François Garijo 2019
Dépôt Légal Septembre 2019
N° ISBN : 979-10-97252-16-8
EAN : 9791097252168

PRESENTATION

L'ÉGLISE de la RÉSURRECTION DU CHRIST

et des

NOUVEAUX MARTYRS
CONFESSEURS de L'ÉGLISE RUSSE

L'église de la Résurrection du Christ et des nouveaux Martyrs et Confesseurs de l'Église Russe du Monastère Sretensky est un autre de ces miracles dont les russes sont capables, un exemple de sacrement de la foi. A l'aube du 21°millénaire les russes parlent de renaissance de la foi, mais après tant de martyrs disparus à cause de l'athéisme soviétique, on peut réellement parler de résurrection.

Le grand principe des athéistes contre le culte religieux d'aujourd'hui, se retrouve chez les européens qui ne sont pas en reste, et entendent légitimer leur politique comme jadis les grands ténors du marxisme avec la dissociation de l'individu de toute intervention Divine et de spiritualité.

Comment pourraient-ils percevoir ce qu'éprouve un peuple réconcilié avec la foi en Dieu, dans son désir d'un avenir digne. Pour comprendre les gens, il faut partager leur espoir dans la vie, et ne pas chercher à les empêcher de vivre leur spiritualité pour les convaincre des bienfaits du matérialisme.

Une telle obstination dans le refus de la religion et l'apologie du culte de l'argent, n'est qu'un abîme sans fond pour la domination, et le maintien de rapports sociaux d'inégalité et d'exploitation, d'où aucun homme ne sortira vainqueur, s'il est constamment dissocié de la part qui le relie au Divin et le rend meilleur. Nous devons apprécier ce qui nous est donné par le Seigneur, lorsque vous le recherchez uniquement avec le cœur, votre destin ne sera occupé que par lui seul.

Le Monastère Sretensky perpétue la fidélité à la vocation Divine, la dévotion à la volonté de Dieu suivant l'appel divin (преданности воле Божией и следовании Божественному призванию). En 1812 les soldats de Napoléon investirent le monastère Sretensky, interdisant aux moines et aux prêtres de pratiquer la sainte liturgie, ils leur répondirent qu'ils préféraient plutôt mourir que d'y renoncer, Napoléon les autorisa à poursuivre leurs célébrations religieuses après leur avoir volé leurs objets de culte de valeur pour les faire fondre et transformer en pièces et lingots, dans une fonderie improvisée au milieu de leur église, pendant que ses généraux préféraient installer leur résidence dans les monastères Tchudov et de l'Ascension.

Un peu plus de cent ans plus tard, en 1920, alors que la ville est entre les mains des révolutionnaires, et que le pays est à feu et à sang, en pleine guerre civile, le père Hilarion, supérieur du monastère célèbre quotidiennement la divine liturgie, pendant que les Tchékistes favorisent une église parallèle dite vivante et totalement révisionniste qui investit les lieux pendant un an, avant d'être chassée par les orthodoxes traditionalistes. Ils paieront de leur vie d'avoir tenu tête à l'État, dans un sacrifice humain sans précédent dans l'histoire moderne. Ces moines et prêtres méritent non seulement notre intérêt, mais aussi notre respectueux hommage. Á un moment de cet ouvrage nous parlerons du nombre des disparus, leur somme est un total cumulant autant de vies humaines précieuses, chaque être humain compte, en ce qui les concerne, leur souvenir demeure impérissable.

Dans chacun de mes livres j'accorde une grande attention à la véracité des faits, les lieux, les personnes grâce auxquelles je réalise mes travaux en Russie, je leur suis éternellement redevable, leur présence et leur aide rendent notre existence meilleure. Je profite de l'occasion qui m'est donnée pour reformuler ma gratitude envers les moines du Monastère Sretensky, pour leur accueil et sollicitude à mon égard, et pour l'attention portée à chaque croyant qui vient les trouver. Que Dieu les bénisse.

Je souhaite ponctuer cet ouvrage avec les paroles précieuses du Patriarche de Moscou, extraites de l'un des ses discours à l'occasion de la Pentecôte.

Le Patriarche Kirill de Moscou et de toutes les Russies, Sa Sainteté, a célébré la liturgie et à la fin du service, le primat de l'Église Orthodoxe Russe a adressé un sermon aux croyants. Il s'agit d'une source d'inspiration, car aujourd'hui, les personnes sont très absorbées par le souci de leur prospérité et de leur apparence extérieure, alors ne détruisions jamais les fondements de notre vie spirituelle, car le véritable bonheur réside dans la capacité à alimenter son âme de l'amour divin qui n'a pas de limite, et à préserver et fonder une famille, source de joie et de plénitude :

« Nous sommes tous orthodoxes et nous devons garder et conserver la foi, nous devons prendre soin de ce que nous avons. Nous devons prendre soin de notre sainte foi orthodoxe, nous devons avoir des principes et nous occuper de la pureté de la foi que le Seigneur a pour nous, étudier et revenir à nos racines.

Que le Seigneur nous aide, chers frères et sœurs, à maintenir la pureté de la Sainte Foi.

La vie est un grand cadeau de Dieu qui doit être chéri. Et notre église a tout ce qui est nécessaire au salut, Dieu est si proche de nous que nous ne l'imaginons même pas. Et cette intimité se réalise à travers l'action du Saint-Esprit, à travers la présence de la grâce divine.

Nous manquons très souvent de vision spirituelle pour voir la présence de la grâce divine, l'action du Saint-Esprit.

Une personne a besoin de soins, d'amélioration de soi, de développement spirituel, mais pas que sa nature soit changée.

Saint Nicodème, discutant au sujet de l'amour Divin, a déclaré que l'amour humain avait sa mesure et sa limite, mais que l'amour Divin n'avait pas de limite, la réponse était que l'homme lui-même déterminait non seulement la mesure et la limite de son amour, mais aussi la limite du bonheur Pour que la foi soit forte, il faut la former, vivre courageusement, se tourner vers le Seigneur par la prière, lui demander de la force pour vivre de ces paroles divines, gagner le Royaume de Dieu dans son cœur ici, pendant la vie terrestre et encore plus la vie éternelle », fin de citation.

Croire à la vie après la mort, au pouvoir créateur de Dieu éternel, que Dieu est vivant et travailler dans le monde moderne, sont une question à laquelle l'homme répond avec ses propres doutes. La vie monastique dans la contemplation, est une chose sacrée, utile pour tous les citoyens, en raison de sa pureté et de son intercession, car les saints moines ne doutent pas un instant du miracle du Seigneur et nous transmettent leur foi indéfectible en Dieu.

Les moines ont trouvé l'amour et le courage de remplir leur cœur des paroles de notre Christ Sauveur et de les utiliser au profit de leur prochain. Ils ont eu la sagesse de transformer la terre en paradis. Leur vie ressemble à la Divine Liturgie, qu'ils prolongent dans leur vie quotidienne. Où qu'ils soient, quoi qu'ils fassent, ils font tout pour servir Dieu et leur prochain.

Pas une seule vertu ne peut être cultivée dans l'âme d'un moine sans obéissance, sans humilité. Vous ne pouvez pas parler de patience, de douceur sans l'obéissance comme base de la vie spirituelle, sans l'amour du Seigneur. Pour ceux qui veulent la suivre, tous leurs efforts visent à acquérir la grâce du Saint-Esprit. Nous pouvons donc dire que le moine a le courage de donner vie aux paroles du Christ Sauveur, donnant ainsi de l'espoir au monde, tout est possible pour le croyant, (Marc 9 : 23), si une personne le souhaite. La vie monacale est une ascèse, choisi en pleine connaissance de cause, entièrement vouée au travail et à Dieu.

INTRODUCTION

L'Orthodoxie porte en elle une vision profonde de l'existence et du monde qui nous entoure, elle représente les racines d'une Civilisation Chrétienne au sujet de laquelle, l'histoire démontre sa longue tradition spirituelle immatérielle dépassant ses frontières. La foi qu'elle communique, donne un profond sens à la vie de chacun, qui va bien au-delà des considérations matérielles et des limites territoriales des différentes nations.

La compréhension religieuse de la vocation, suggère que Dieu se tient derrière chaque chrétien, la présence divine, dans l'accomplissement spirituel donne un sens à la vie d'un homme.

La Russie exerce depuis longtemps un rôle unificateur rayonnant bien au-delà de son propre territoire, car elle perpétue la fidélité à ses origines spirituelles, puisant des forces inépuisables dans une orthodoxie millénaire sans laquelle elle ne peut exister, car elle fut le berceau de la nation, la constante indissociable de son destin passé et futur.

La conscience d'un peuple et de l'humanité toute entière se retrouve dans les valeurs et l'idée de la vie que représente l'Orthodoxie, la constance, la fidélité, la pureté morale.

Il ne s'agit pas de savoir si une personne va à l'église avec fréquence ou si elle prie plus qu'une autre, il suffit que la personne se dise je suis orthodoxe, et cela signifie qu'elle vit selon un mode vertueux et sain. Cette personne s'inscrit au sein d'un peuple, dont ce ne sont pas les hommes qui changent le destin des évènements, mais la foi qu'ils portent en eux et en leur église, qui les rend meilleurs, leur donne une force immense capable de surmonter les obstacles, leur permettant de s'accomplir. Le but de la vie est avant tout, le bonheur, la plénitude, l'harmonie au foyer et au travail, la foi en des valeurs Divines, des vérités supérieures et éternelles, un absolu dans lequel nous trouvons à la fois la vertu et notre salut.

Aucun changement politique national ou mondial, ni crise sociale, n'a pu faire disparaitre le cœur orthodoxe dans la culture de la nation russe et du peuple chrétien européen dans son ensemble, qui retrouve constamment dans cette Russie Orthodoxe, le noyau des valeurs traditionnelles, la famille, le respect des autres, la solidarité sociale, l'espoir, l'humilité, la bonté, l'honneur.

C'est pour cela que la Russie est observée avec espoir et respect. Aujourd'hui la Russie dépasse les frontières de son État terrestre et rayonne, car la foi de son peuple s'est battue pour survivre et pouvoir exister dans son identité propre malgré toutes les difficultés historiques de son passé.

La foi retrouvée de son peuple est un facteur indéniable de force intérieure qui a toujours existé en lui. Même si la personnalité de chaque individu est complexe, elle a soif d'accomplissement et de réussite personnelle, elle se reconnait dans un socle de valeurs communes. La foi dépasse le seul contexte du christianisme et de la politique partisane, nous sommes ici, dans la recherche du véritable sens de la vie sur terre, la vertu, l'honneur, l'empathie, la dualité indissociable de l'homme et la femme qui engendre l'amour, la famille, les enfants, la destinée de personnes unies avançant toutes ensemble, dépendantes et solidaires les unes des autres.

Le peuple russe sera et restera toujours fidèle à lui-même et à son patrimoine identitaire et spirituel orthodoxe, face à un Occident laïque qui tente d'effacer les racines de la morale et de la foi dans une laïcité destructrice stérile.

Dans les mots même des saints évangiles, il y a une force bienfaisante et reconstructrice, les religieux orthodoxes, hommes et femmes, que nous côtoyons, sont autant de saints frères et sœurs qui nous montrent comment chacun peut remercier Dieu à sa façon pour sa bonté envers nous, et lui témoigner par nos actions une reconnaissance plus grande, afin d'avancer dignement sur le chemin de plénitude crée par Dieu pour nous tous, dans la paix et le bonheur.

L'orthodoxie nous enseigne que l''homme et la femme sont unis dans leur complexité et différence, car leurs âmes sont profondes, riches et pures à la naissance, telles que le Créateur Divin l'a souhaité, pour qu'elles s'unissent ensemble.

Complémentaires, indispensables l'une pour l'autre, tel que l'infinie sagesse de Dieu le souhaite, elles donnent naissance à la famille, et à la vie. Ce message nous forge tout au long de notre existence, et nos nobles actions personnelles deviennent des vertus, nous éloignent du contentement de soi dans la vanité, pour aboutir à la réussite du bonheur conjugal et familial, tous deux, ensemble, vivons pour nos proches avant d'exister égoïstement pour soi-même.

Les Icônes des Saintes Personnes que les pieux paroissiens vénèrent, perpétuent un souvenir si profondément inscrit dans la mémoire collective, qu'il reste vivant par-delà les siècles, la bénédiction réalise encore bien des miracles inexplicables, témoignant du souffle Divin parmi le peuple des croyants.

En Russie, même les athés, sont révérencieux, respectueux des pratiques et lieux de culte, les personnes qui n'ont pas leur icône de saints, détiennent malgré tout un calendrier à leur effigie dans leur domicile afin d'éloigner le mal.

Telles des cicatrices que l'âme conserve par-delà le temps de la vie humaine qui s'écoule, l'homme impute à tort, les malheurs dont il est lui-même à l'origine, au puissant Créateur Divin, mais aucune épreuve ou souffrance n'est donnée à l'homme par Dieu. Dans sa grande bienveillance, il nous laisse libres de nos choix et actions. Chaque croyant est soumis à des épreuves de sa foi au cours de sa vie, elles permettent de venir en secours aux autres dans la miséricorde et l'entre-aide, de s'élever spirituellement, nous éduquant et nous apportant par la suite un bienfait indéniable. Le libre arbitre entre le bien et le mal est laissé à notre choix, la faculté de l'être humain à se déterminer librement et par lui seul, est la source de ses propres problèmes.

Les épreuves peuvent être immenses et difficiles pour certains, petites et surmontables pour d'autres. Les fidèles viennent prier telle ou telle icône de saint ou de sainte, afin de solliciter une bienveillante bénédiction, cela les aide dans leur vie, ils en attendent le réconfort nécessaire au quotidien

Dieu seul sait de quelle façon et avec quelle intensité, il place sur le chemin de notre vie des opportunités, d'accomplir de bonnes actions envers soi et autrui, mais il en adapte les occasions, en fonction de la capacité de chacun, n'imposant à aucune âme, une charge supérieure à sa capacité pour la surmonter, avec bienveillance et paternalisme dans leurs réalisations.

Ces actions sont à dissocier de l'œuvre du mal qui incite les hommes dans la voie du pêché, source de venin pour l'âme, qu'il faut constamment combattre à l'intérieur de soi. Dans ce but, la présence de saintes icônes au domicile renforce l'espace de vie collective, en éloignant le mal.

Tout sur terre est à la fois simple et compliqué, mais en définitive, se résout avec de l'humilité, de la sincérité entièrement révélées par la présence auprès de nous, de personnes étonnantes capables de nous aider, nous faire grandir dans le sens spirituel, elles accomplissent des tâches, tels des miracles à partir de rien, des individus comme vous et moi, altruistes et désintéressés qui nous guident et conseillent.

Ces saints sont des hommes et femmes comme nous, qui dans un éloignement absolu des futilités de ce monde, ont ascétiquement atteint une spiritualité incroyable, où aucune compromission n'est permise, nourrissant un amour profond, une connaissance des chemins tracés par le Seigneur. Dans la lutte contre le mal, les pêchés, avec des exigences inconcevables pour le commun des personnes. Ils se sont rapprochés de Dieu pas à pas, c'est une excellence dans l'exemplarité difficile à décrire par de simples mots. La religion orthodoxe est riche de toutes ces personnes extraordinaires aux vies ordinaires, aux actions pures comme leur âme.

La Russie possède onze fuseaux horaires, le pays couvre plus d'un sixième de la surface de la terre, dans une si vaste étendue, la survie du pays a tenu au miracle. Et très certainement grâce à la détermination et la force de ses habitants ayant su puiser dans la religion, toute l'énergie indispensable pour cela, par de là leurs propres différences.

La présence de deux âmes en une seule est perceptible, collective et supérieure à l'individu, dans laquelle tous les russes se retrouvent patriotiquement et culturellement confondus, renfermant une sorte de mission divine à accomplir en conscience, avec une vertu en chaque action, jumelée à une plus personnelle, plus intime, qui par sa nature est particulièrement disposée à des actes de foi et des actions de renoncement de soi au profit du collectif.

La Russie a toujours conservé et préservé ces deux identités spirituelles en une seule âme unique, dans toutes les nuances que peuvent offrir les peuples qui la constituent.

Ce qui peut nous faire dire que mis à part des vacances à l'étranger, il n'a pas été dans les habitudes d'un russe de s'aventurer au dehors des frontières de son pays natal, sans ressentir une douleur en soi. Tant la sensibilité de son âme et la complexité des relations de son pays lui manque en permanence. Un russe ne sera jamais à cent pour cent, chez lui à l'étranger, même s'il est exilé jusqu'à la fin de ses jours.

Tout n'est juste qu'une question de profondeur d'âme individuelle et collective, si vous avez vécu chez eux, vous comprenez cela d'instinct, sans mots.

Le climat orthodoxe à une saveur pour l'âme humaine, le Russe vit sa foi, profondément à l'intérieur de soi, et il tente de recréer cette atmosphère spéciale partout où il se trouve. Il n'y a aucun autre peuple au monde capable de vivre et de parler sans aucune retenue du ressenti, de l'âme, du lien qui la lie au Divin et aux personnes qui nous entourent.

Cette âme est sensible, vivante, douloureuse ou brillamment chaleureuse. Ce mot « âme », résume à lui seul la foi, l'amour et la vie, le rôle de la tradition orthodoxe dans la formation spirituelle de l'individu (Роль православной традиции в духовном становлении человека), omniprésent physiquement et moralement.

La prospérité de l'Orthodoxie se voit un peu partout, de nombreux monastères, églises, chapelles sont construits ou restaurés, le nombre croissant de moines et de moniales est croissant, les gens s'efforcent de revenir aux mœurs et aux règles traditionnelles dans la vie courante. La quantité de personnes qui fréquentent les lieux de culte grandit de jour en jour, tel un besoin existentiel vital.

Depuis le début des années 90, la vie en Russie est ponctuée de prières, qu'elles soient courtes ou longues et solennelles. Un nombre considérable de croyants jugent indispensable la reconduction de la vénération du culte des saints, au travers bien sur des icônes, de pèlerinages aux monastères, de fréquentation de lieux saints et d'églises pour participer à la sainte messe et ses rites liturgiques.

Le désir de ceux qui se sont tournés vers la foi, reproduit le mode de vie orthodoxe dans sa conceptualité traditionnelle. Tout influence la vie quotidienne des croyants, créant une culture religieuse particulière vouée à la protection du domicile. L'organisation de l'espace vital chez les russes orthodoxes se révèle dans la tradition qui nous est parvenue, selon laquelle la maison n'est pas conçue sans la présence d'une icône, d'un sanctuaire, ou de la présence d'eau bénite à disposition.

Dans quelques familles Seulement, au sein desquelles la transmission de la foi de génération en génération et la communication constante avec l'église n'ont pas été interrompues, conserve entièrement présente cette tradition, la reproduction des pratiques se perpétue de plus en plus aujourd'hui, icônes et autels domestiques sont omniprésents dans les logements, parfois sur les lieux de travail également.

La tradition orthodoxe de protection du foyer dans les familles russes de la fin du XXe et du début du XXIe siècle s'accompagne de la consécration iconographique de son domicile, cela peut paraitre particulier, mais cette singularité pratiquée par les croyants est une révolution sociétale dans les us et coutumes modernes. Dans toutes les petites joies de la vie il y a des ingrédients de bonheur, c'est difficile à comprendre avec l'esprit, mais il faut au moins les ressentir avec le cœur. À la recherche du bonheur, comme on dit, toutes les méthodes sont bonnes, les icônes sont un ingrédient rassurant, protecteur et émulateur qui entre pleinement dans la réussite de la paix intérieure.

Pendant mille ans, la religion influença la culture du peuple, étendant la sphère d'influence de l'église, jusqu'à la révolution de 1918. Au début des années deux-mille, l'ouverture d'églises dans les villes et villages, de monastères, la création d'un vaste réseau de chemins de pèlerinage, l'apparition de nouveaux périodiques, la publication de littérature à contenu approprié, ainsi que la restauration progressive des mécanismes de transmission intergénérationnelle de la religion a communiqué un souffle de renaissance spirituelle, vieux de dix siècles.

L'icône protectrice de la famille doit être impérativement présente dans la cuisine, où se trouve le repas, puis le lieu, où les enfants jouent, la chambre, le couloir, à l'entrée et à la sortie de la demeure. Il est d'usage aussi de rassembler plusieurs icônes dans un coin, appelé l'autel saint, pour prier, mais également de placer certaines d'entre elles dans tout l'appartement ou la maison, et d'en consacrer chaque partie de l'espace vital pour se protéger des forces du mal.

L'icône située au-dessus de l'entrée a une fonction de sécurité elle est nécessaire pour prier avant de quitter la maison, cela peut être n'importe quelle icône, toutefois, les gens s'efforcent de souligner l'importance de cet endroit et placent l'image de la Mère de Dieu en tout premier choix.

Parfois, de petites icônes s'accrochent à l'entrée de chaque pièce, ce qui implique un nombre conséquent d'images pieuses.

Les icônes placées au-dessus d'un lit invoquent la miséricorde de Dieu, ainsi que dans la chambre d'un enfant, suspendues en protection, pour que l'enfant puisse voir les visages des saints, méditer, s'habituer à eux et leur adresser des prières.

La sélection d'icônes protectrices pour la cuisine n'est pas non plus un hasard fortuit, on retrouve souvent des images du saint prophète Élie, prié pour éviter la faim et la sécheresse, le manque de nourriture, la disette.

Nous constatons que les partisans d'un grand nombre d'icônes dans leur maison sont motivés par le désir de voir constamment les saints, s'adresser à eux en permanence et afin de chasser de leur domicile toute influence négative.

Cependant, en détenant des icônes en si grand nombre, on ne peut pas toujours les traiter avec suffisamment de révérence. Á cet égard, certains croyants limitent consciemment le nombre d'icônes chez eux, afin de pouvoir prier et les invoquer avec plus d'assiduité.

L'art figuratif chrétien au sujet de l'imagerie domestique, remonte sans doute au II° siècle après le Christ, mais l'apogée de la réelle floraison iconographique démarre au IV° et V° siècles. Rapidement on s'aperçoit que cet art, au cours des siècles suivants, est suivi d'évènements incroyables, des guérisons se produisent au contact ou à l'invocation d'une icône, ainsi s'accomplirent des miracles selon la volonté de Dieu. Les guérisons individuelles ou collectives lors de maux, d'épidémies, ou de circonstances inhabituelles accompagnant ou entourant sa venue ou son apparition. Elles dont représentées en bustes ou visages, parfois en grands modèles figuratifs comme l'icône Maximovskaïa de la Mère de Dieu (Максимовская икона Божией Матери).

Très vite, des ateliers de peinture se développent à Novgorod, Pskov et Moscou, Kiev, Souzdal, Rostov, la Laure de la Trinité Saint Serge. Bien sûr Constantinople fut une source d'inspiration incontournable menant cette peinture à son apogée, de la fin du XII° et XIV° siècles, période dite de l'âge d'or jusqu'au début du XV° siècle.

Si une personne, peint des icones, en elle s'ouvre et se développe une vision de sentiments inspirés par le tout puissant, ce qui ne peut s'expliquer. Il ne s'agit pas d'un simple dessin, la prière qui accompagne l'acte graphique, constitue un lien continu reliant l'œuvre artistique à l'essence spirituelle de Dieu contenue dans toute chose sur terre. Les sujets représentés sont soutenus tout au long du graphisme, de pensées renforcées avec des émotions positives, des prières, des méditations, l'humilité et l'amour, ainsi s'accomplit le mystère Divin.

Naturellement, dans le Monastère Sretensky, les icônes ont toutes une place de choix, et émerveillent le visiteur tout en l'inspirant, dans une continuité mystique insoupçonnée.

Lors de notre visite à Sretensky par-delà la pierre taillée de l'édifice très spectaculaire, nous percevons les racines qui constituent la base du quotidien d'un croyant, la prière en présence d'icônes, la vénération de saints, le jeûne, la confession, le baptême et le partage de la Messe dans la Sainte Liturgie, les festivités processionnelles collectives.

En examinant l'histoire de l'origine des fêtes religieuses chrétiennes orthodoxes pratiquées, nous constatons qu'elles ne sont pas apparues simultanément. Certaines d'entre elles naquirent du II° au IV° siècles, d'autres à partir du X° siècle, tandis que les nombreuses fêtes en l'honneur des saints furent décidées beaucoup plus tard. De plus, à notre époque, l'église orthodoxe introduit de nouvelles fêtes dans son calendrier en l'honneur de nouveaux saints de l'époque ancienne ou moderne en fonction des nouvelles canonisations opérées.

En plus des icônes de Jésus-Christ, de la Vierge et des Apôtres, l'Église Orthodoxe révère également, de nombreuses icônes de ses saints Au total, elle compte plus de 5 000 icônes dédiées à des événements et aux saints, pour lesquels des services liturgiques religieux spéciaux sont organisés. Le saint est honoré et sa représentation peinte, l'est aussi. Ces fêtes et liturgies sont souvent de nature locale, spécifiques à une église, un village, une ville.

Le culte des icônes, est l'élément le plus important des rites chrétiens orthodoxes, et fut tout au long de l'histoire d'une importance majeure pour la transmission de l'héritage commun, se communiquant d'une génération à la suivante. Á ce titre, la vie sans la présence d'une icône à côté de soi est simplement devenu impensable, impossible à imaginer même.

L'image de ces saintes personnes, est empreinte d'une force liée avec la personnalité du saint quelle représente. Les premiers peintres d'icônes n'utilisaient que quatre ou cinq couleurs fondamentales, puis à partir de la moitié du XVIIIème siècle, une vingtaine, dans une polychromie très stricte. La prière s'incorpore à la réalisation de l'œuvre, ce qui renforce encore plus, l'énergie spirituelle qu'elle transmettra autour d'elle. La couleur et le geste suivent un processus immuable, quasiment cérémoniel pour ainsi dire.

Les pigments colorés, obtenus à partir de végétaux, sont dilués avec de l'eau et mélangés avec le jaune d'œuf et quelques gouttes de vinaigre ou Kvas, une boisson fermentée très prisée, vendue l'été dans des citernes dans la rue.

On se tourne vers les images miraculeuses pour demander de l'aide dans les moments difficiles de sa vie. Le plus souvent, les gens vont à l'église avec des problèmes, mais ils ne savent pas toujours vers quel saint se vouer, un tel est plus sollicité que d'autres pour certains problèmes matériels. Il fut un temps au début du XX° siècle où les prêtres enjoignaient leurs fidèles à ne pas se laisser entrainer dans la superstition et à l'invocation talismanique et pécuniaire des icônes.

Par exemple vers Saint Spyridon de Trimythonte (Святитель Спиридон Тримифунтский) un évêque ayant toujours aidé les personnes aux prises avec des problèmes matériels. Curieusement encore on le sollicite pour le manque d'abondance, pour un travail, une meilleure situation, tout ce qui est en lien avec le matériel en général. Il vécut dans l'île de Chypre, au IVe siècle, les sans-abris trouvaient refuge dans sa maison, il leur offrait le gite et le couvert gratuitement.

On situe la date de sa naissance vers 270, et celle de sa mort vers 348. Sa légende veut qu'il ait d'abord été berger propriétaire d'un troupeau de brebis. L'Église orthodoxe commémore Saint Spyridon le 12 décembre, sa main droite fut longtemps gardée dans un coffret, à Rome, avant d'être cédée à l'église de Corfou en 1984, où elle est actuellement conservée dans un reliquaire en argent avec le reste de sa dépouille terrestre.

Après l'iconographie, la seconde constante majeure dans les familles orthodoxes modernes, est l'aspersion d'une maison avec de l'eau bénite provenant du jour annuel du batême « kreshenie », considérée comme obligatoire. Ce peut être de l'eau provenant de la grande consécration lors de la fête de l'Épiphanie ou de l'eau provenant de l'église au cours de l'année.

La tradition consistant à posséder de l'eau bénite et à l'asperger dans une maison, a peut-être été la tradition la mieux conservée à l'époque soviétique, plus que n'importe quelle autre pratique. Même les personnes qui, s'étaient éloignées de la foi et de l'église y ont adhéré.

Si les croyants n'avaient pas la possibilité d'obtenir l'eau de l'Épiphanie pendant l'ère soviétique, ils se réunissaient et utilisaient ce qu'on appelle l'eau de minuit, c'est-à-dire qu'elle avait été récoltée symboliquement dans des puits et des trous de glace à minuit lors du 18 au 19 janvier. Cela se faisait la nuit, en secret, hors de la vue des autorités communistes.

Nous savons que la coutume orthodoxe de consécration et de protection du foyer n'a pas été interrompue pendant l'ère soviétique, les gens respectaient cette tradition, enseignée oralement par leurs parents, la reproduisant avec respect, même si pour certains athés, c'était par pure superstition.

Partout en Russie, les chrétiens orthodoxes célèbrent l'épiphanie. Il s'agit du baptême de Jésus Christ par Jean le Baptiste dans le Jourdain. La fête se nomme Kreshenie, elle correspond à la bénédiction de l'eau, et se déroule chaque 19 janvier. Selon la tradition, au préalable, on pratique une journée de jeune la veille, et les croyants mangent le Sotchivo, fait à partir d'une bouillie de riz avec du miel et des raisins secs parfois des fruits confits.

En raison de ce plat, la journée durant laquelle se déroule le jeune est appelée le Sotchelnik c'est à dire le réveillon, de nombreuses personnes participent à une veillée familiale vouée au culte, à la fois festive et révérencieuse, avant de se rendre à la messe du soir.

Kreshenie est l'une des douze plus grandes fêtes liturgiques orthodoxes, solennellement célébrée dans la nuit du 18 au 19 janvier par toutes les églises en même temps.

À l'origine, les premiers chrétiens célébraient la Théophanie plusieurs jours d'affilée, aujourd'hui d'un pays à l'autre les traditions diffèrent mais chez les orthodoxes la cérémonie millénaire est perpétuée sans changement. Bien qu'aucune règle canonique stricte n'existe à son sujet, le cérémonial est immuable et sacré.

La période du baptême doit être replacée dans son contexte, elle vient clore les fêtes de noël qui durent douze jours, l'église orthodoxe russe célèbre Noël au cours de la nuit du 6 au 7 janvier et s'accompagne d'un carême soutenu. Le renoncement accompagnant le jeûne de la nativité concerne également les pensées, les paroles vaines, les formes de dépendance récréative et festive, particulièrement suivie.

Le soir du 18 janvier, les croyants se rendent à l'église afin de boire et de ramener de l'eau bénite pour leur domicile, cette dernière n'a aucune date d'expiration et sera longtemps conservée.

La population se dirige au service religieux du soir qui s'accompagne aussi d'une procession en extérieur précédée de la croix et d'icônes spéciales pour bénir le lieu destiné au bain en eau gelée du soir, il y aura également des bains le lendemain en journée, mais avec beaucoup plus de participants, et d'un accompagnement de chants liturgiques spécifiques, assuré par la chorale de l'école paroissiale du dimanche, portés comme la douce mélodie des anges.

Nous entendons un groupe d'enfants chanter un troparion, il s'agit d'un court refrain musical avec des ponctuations de syllabes, ce chant commente poétiquement un évènement sacré, une icône ou une fête religieuse liée à la vie orthodoxe/ En ce jour précis, en l'occurrence le baptême du Christ est glorifié.

Le troparion, ainsi que le konduk, correspondent en une petite prière chantée, sorte de courte glorification d'un saint ou évènement, entrecoupé de très courtes ponctuations d'intonations dans les mots du texte.

Ils sont chantés le jour où un saint est commémoré par les chorales, lors du culte et au cours de processions cérémonielles. Chaque chanson du canon chanté par le cœur accompagnant la procession, est composée d'un Iermos (première strophe) et de troparions (4-6 strophes suivantes), on trouve souvent dans les livres de prières orthodoxes ces troparion liés à la fête ou à la gloire d'un saint en particulier.

Le paradoxe de la sainteté se place en dehors de tous les schémas conventionnels, et des personnes très simples mais aux actions exceptionnelles, deviennent Saintes au travers d'une pureté d'âme particulièrement proche de Dieu, elles sont particulièrement louées dans ces chants.

Tout sur terre est à la fois simple et compliqué, mais en définitive se résout avec de l'humilité, de la sincérité, humblement révélée par la présence auprès de nous de personnes étonnantes capables de nous aider, nous faire grandir dans le sens spirituel. Elles accomplissent des tâches tels des miracles à partir de rien, nombreuses atteignent la sainteté.

Chaque église, ou monastère et même chaque ville russe, vénère de très saintes personnes et accompagne leur souvenir, avec des actions de grâce et processions, prières et chants spécifiques, les troparions leur sont associés.

Ces saints étaient des hommes et des femmes comme vous et moi, qui dans un éloignement absolu des futilités de ce monde, ont ascétiquement atteint une spiritualité incroyable, où aucune compromission n'est permise. Nourrissant un amour profond, pour la connaissance des chemins tracés par le Seigneur dans la lutte contre le mal, les pêchés. Dans des exigences inconcevables pour le commun des personnes, ils et elles se sont rapprochées de Dieu pas à pas.

En ce jour de l'épiphanie, le troparion est spécifiquement chanté à la gloire du Seigneur et au baptême du Christ ressuscité, ce qui le rend extraordinairement beau.

Dans la matinée du 19 janvier, les croyants orthodoxes prennent la direction de l'église afin d'y obtenir de nouveau de l'eau fraîchement bénite du matin même. Il n'y a aucune différence entre l'eau de la veille et celle-ci, et l'on peut se contenter de l'une d'elles, mais bien souvent les croyants rapportent de nouveau une autre bouteille remplie, considérant qu'elles sont destinées à des usages différents.

Par exemple celle du soir du 18 janvier sert pour se rincer le visage et le corps ou asperger les coins du logement afin d'en chasser les mauvais esprits, la présence du mal. Cette notion de sacrement et bénédiction purificatrice de la maison est très en vogue chez les chrétiens orthodoxes.

Tandis que l'eau prélevée le 19 janvier au matin, sert à être bue et contribue à garder le corps et l'esprit en bonne santé, elle est bue quotidiennement par de petites gorgées tout au long de l'année.

Il faut absolument obtenir cette eau bénite, les personnes se contentent de prélever de l'eau bénite dans des bouteilles, afin de les ramener à la maison et d'en faire bon usage. On la boit le matin à jeun, puis elle bénira également les maisons, les lieux de travail pour la protection et la purification des hommes dans leur vie quotidienne. Pour la cérémonie de kreshenie, un trou ordinaire dans la glace n'est pas imaginable, le batême nécessite une préparation particulière, et le choix judicieux du lieu, seule une personne compétente mandatée par l'église peut le valider, avant que la prière soit dite, et la croix entre en contact dans l'eau.

Ensuite il faut creuser dans les blocs de glace, sous forme de rectangle ou de croix, et poser un accès en bois pour faciliter la descente puis la sortie des eaux. Le rassemblement du baptême collectif, compte une grande quantité de participants emmitouflés chaudement dans de lourds manteaux. Ordinairement aucun n'aurait osé mettre le bout de son nez dehors par moins 25°C, ou d'avantage, mais le jour du Baptême du Seigneur, l'eau devient sainte et les prières ce jour-là ne se récitent qu'une seule fois par an, elles sont particulièrement longues et belles, uniques en leur genre, pouvant motiver dans ce contexte, les plus frileux.

Tous désirent s'immerger dans l'eau et se signer, ce n'est pas symbolique, il s'agit d'un acte de foi profonde. Désormais des athés aussi se prêtent à cette pratique, issus des couches sociales de la haute société, du vedettariat, du spectacle et de la politique à grande notoriété médiatique. Ils se soumettent au rite collectif du baptême qui acquiert de plus en plus de ferveur, et accroit sans doute aussi leur popularité.

La société est ainsi faite aujourd'hui, les puritains s'en accommodent tant bien que mal, tant la presse fait loi.

J'observe des babouchkas porter de grandes bouteilles de trois ou cinq litres d'eau à bout de chaque bras, de jeunes enfants serrent contre eux des plus petites, tout cela se fait naturellement et en grand respect, d'autres se préparent à l'immersion pour le baptême, attendent leur tour en silence.

La précieuse cérémonie de kreshenie, se déroule imperturbablement, rythmée de prières, la bénédiction, l'eau devient baptismale, sacrée, que la croix qui est plongée dans l'eau soit en bois, ou en métal plus précieux, n'a aucune importance, par de son contact, l'eau se transforme lors de kreshenie.

Après la prière, la croix est immergée par trois fois dans la glace des eaux ou des fleuves, elle est sanctifiée par l'esprit saint et sanctifie à son tour le liquide à son contact.

C'est un évènement incontournable du calendrier orthodoxe, un rite exclusivement perpétué en plein cœur de l'hiver, qui acquiert beaucoup de notoriété lorsque de nos jours, y participent tant personnes importantes de la politique et des milieux artistiques, très largement photographiés et filmés par la presse à cette occasion.

Les croyants vénèrent tout particulièrement cette tradition, marchant pieds nus ou en sandales dans la neige, les premiers avancent et descendent par un escalier de bois dans un trou creusé dans la rivière, puis ils s'immergent intégralement par trois fois dans les eaux glacées et font trois fois le signe de croix avant de ressortir.

Tout le corps frissonne à la fois de froid et de joie car quelques gouttes de cette eau purifient et chassent toutes les mauvaises pensées. L'eau est sacrée, porteuse d'une légèreté absolue, cela se voit sur les visages. La sensation est extraordinairement enivrante, elle nous enveloppe d'un bonheur serein, d'une paix instantanée et profonde, une véritable sensation de liberté. Dieu nous prend avec lui par la main et personne ne peut nous ôter ce bonheur exceptionnel.

Le seigneur accepte et bénit notre baptême, il s'agit ici du premier pas que le croyant réalise au sein de la communauté de l'église chrétienne, certains reproduisent ce baptême année après année, tant que leur santé le permet.

Le baptême est le sacrement le plus important du Christianisme. Il procure à la personne un accès à tous les autres sacrements, et notamment à l'Eucharistie (aussi connue sous le nom de Saint-Sacrement).

Dans l'orthodoxie, le baptême peut être réalisé pour les nourrissons une semaine après la naissance. La tradition du baptême inclut trois immersions complètes (une pour le Père, une pour le Fils et une pour le Saint-Esprit) dans des fonts baptismaux remplis d'eau bénite. Le baptême par effusion ou aspersion est autorisé uniquement dans de rares cas, où l'immersion est impraticable.

Dans les églises orthodoxes, la chrismation est un sacrement qui doit être réalisé immédiatement après le baptême. Il consiste en l'onction du nouveau baptisé à l'aide du Saint Chrême, une huile consacrée, ce qui finalise le processus d'entrée dans la religion chrétienne, à partir de ce signe, le croyant pourra prendre part à l'Eucharistie.

La Rus, l'État à l'origine de la Russie fut christianisé en 988 par Vladimir Ier, grand-prince de Kiev. À la saint Vladimir, le 28 juillet, les croyants orthodoxes russes célèbrent donc l'anniversaire de cet événement.

C'est peu après ce baptême national, en 1054, que le Grand Schisme est survenu, divisant l'Église en deux : celle d'Orient (l'orthodoxie) et celle d'Occident (le catholicisme). Avec le temps, ces deux Églises ont adopté des formes différentes de procéder aux sacrements, notamment au baptême, mais aussi du mariage des prêtres, de la vénération des saints, mais aussi de principes du dogme indérogeables. En cela l'Orthodoxie perpétue la religion chrétienne dans ses fondements initiaux depuis le Christ.

Toutes les préparations préliminaires au baptême en eau gelée exigent de la rigueur, le rituel est surveillé par les prêtres présents et des secouristes, au cas où quelqu'un subirait un choc thermique. Les premiers sortis de l'eau se précipitent pour s'enrouler dans des serviettes ou des manteaux, mais certains avancent dans la neige, insensibles au froid, l'âme et le corps fortifiés, le visage rouge, le regard étincelant. La triple immersion est symbolique au nom du Père du Fils et du Saint Esprit, le baptême, du Christ Ressuscité, Réellement Ressuscité.

Il s'agit d'un rite chrétien sacré auquel il faut se préparer spirituellement. Á Moscou environ 100 000 habitants ou touristes, accomplirent cet acte dans la nuit du 18 au 19 janvier 2019, mais fort peu d'étrangers même orthodoxes s'initient à ce rite sans une préparation spirituelle, car la température est très rude, et fort peu engageante.

Braver le froid n'est pas seul en cause, c'est la profondeur de l'acte qui motive l'action, et ce qu'elle représente publiquement, qu'il faut retenir avant tout. Il n'y a pas de barrières ou de douleurs insurmontables pour les personnes motivées, face au baptême en eaux glacées et l'accomplissement personnel qu'il représente.

Ce jour férié est pour eux l'opportunité annuelle de se purifier intérieurement, la journée sera ponctuée d'une Sainte Messe et d'un repas familial en soirée où seront présents des gâteaux en pyramide à toit plat dont les côtés latéraux portent les lettres X et B (X V) pour le Christ est Ressuscité. Ce sont des pâtisseries traditionnelles qui se partagent une place de choix dans la table familiale généralement réservées aux fêtes de pâques, mais que l'on retrouve désormais aussi à plusieurs périodes du calendrier religieux pour des moments importants.

Les fêtes religieuses en Russie représentent quatre-vingt-dix-huit jours généralement fériés, et les croyants vont respectueusement à l'église puis consomment certains gâteaux symbolisant la fin du jeûne.

Kreshenie (Крещение Господне), le jour du baptême du Seigneur est l'une des principales fêtes du christianisme, un sacrement collectif important pour les croyants, à la fois démonstratif et familial incontournable, d'aucuns prétendront, le plus important qui soit, il ne doit pas être sous-estimé.

Le fait que toute l'eau soit sanctifiée à ce moment-là, n'enlève ni ne supprime le sacrement de l'eau consacrée régulièrement dans les églises chaque jour de l'année. Les fêtes religieuses en Russie représentent quatre-vingt-dix-huit jours généralement fériés, les croyants y consomment certains gâteaux comme les Koulitchs (кулич), arborant des ornements et croix, bien que de coutume ils soient réservés à la sortie festive du jeûne de carême pascal, on boit de l'eau bénite et on s'en asperge également, comme s'il s'agissait d'huile sainte.

De forme pyramidale, la pâtisserie la plus prisée des fêtes religieuses orthodoxes est cette paskha, crue ou cuite, confectionnée à partir de fromage blanc. Vous pouvez vous procurer le fromage Tvorog à partir de fromage blanc au lait entier. C'est un gâteau confectionné avec du fromage pressé et longuement égoutté dans un chiffon. On y ajoute du beurre, des fruits confits, des œufs, de la crème, tout ce qui est proscrit pendant le Carême.

Ensuite le fromage pressé devient une pâte compacte que l'on insère dans un moule pyramidal creux, en bois ou en plastique, spécialement conçu à cet effet et qui comporte des inscriptions en relief. Sur l'une des faces « XB » les initiales en caractères cyrilliques, Le Christ est Ressuscité, et sur une autre face la croix chrétienne orthodoxe.

Chacun apporte ce plat qu'il a généralement confectionné pour la consécration ou acheté dans une boutique d'église dont certains marchés sont pourvus, et l'offre à ses proches. Une fois béni le gâteau de pâques est destiné à toutes les personnes vivant dans la maison il symbolise le partage, mais aussi et surtout que Le Christ est parmi nous à cet instant.

Certains magasins d'église vendent aussi des koulitchs, des brioches cylindriques recouvertes d'un dôme glacé coloré et déjà bénites, c'est pratique quand on travaille.

Comme la paskha, le koulitch lui aussi, est souvent décoré des lettres XB, pour Христосъ Bockpece qui signifie que le Christ est ressuscité, ce message est important, car le Christ est réellement ressuscité !

En Russie, Pâques est une fête religieuse aussi importante que Noël, pour laquelle ces pâtisseries sont très attendues.

Il est très important d'assister aux offices les 18 et 19 janvier car le jour du baptême du Christ, appelé l'épiphanie permet de se rapprocher du Seigneur, au travers de son propre baptême, ce moment est un renouvellement, une seconde naissance. Le cérémonial de la grande bénédiction de l'eau dont j'ai précédemment parlé, débute la veille de l'Épiphanie, dès la liturgie du matin le 18 janvier, et culmine à la fête de l'Épiphanie, au matin du 19 janvier, dans un grand cérémonial retransmis à la télévision nationale et régionale. La veille de l'Épiphanie, le 18 janvier, vous ne pouvez manger aucun aliment avant la montée de la première étoile du soir à la tombée de la nuit, c'est un carême supplémentaire et très long de purification pascale, exigent de la volonté.

Pendant toute la semaine de vacances liée à cet évènement en Russie, vous ne devez pas cuisiner de plats de viande, se limiter aux aliments maigres. Légumes, pâtes, raviolis vareniki à la farce de légumes ou de pommes de terre, des soupes, de la kacha, une bouillie à base de sarrasin de blé, d'avoine, d'orge ou de millet cuits à l'eau servie salée rarement sucrée en cette période, afin de faire carême. Des soupes aux légumes, Chtchi, soupe aux navets, aux champignons, borchtch. Cette abondance de plats végétariens dans la cuisine russe est associée aux jeûnes orthodoxes, obligeant à s'abstenir de produits d'origine animale, notamment au cours des quarante jours du Carême précédant Pâques.

Dans les prières pour la sanctification de l'eau, il est demandé que l'eau bénite (Святую Воду) révèle le sens du baptême du Christ. Le lien avec cet événement est évident, car les deux ne font qu'un. Au cours de la procession vers le lieu de consécration, spécialement aménagé pour la circonstance, appelé Jordanie, on procède à des chants de tropaires spéciaux particulièrement émotionnels, émerveillant les sens.

La grande bénédiction de l'eau n'a lieu que deux fois par an, les 18 et 19 janvier, la veille de l'Épiphanie. Il ne faut pas la confondre avec la petite consécration de l'eau lors des prières de sainte-eau, qui sont servies toute l'année, certains jours, ainsi qu'à la demande des croyants, c'est une manifestation unique de la grâce de Dieu.

Consacrée à l'église, l'eau de l'Épiphanie ne perd pas son pouvoir avec le temps, la sanctification des eaux la nuit de l'Épiphanie est intemporelle, également utilisée régulièrement et à jeun. L'eau de baptême ne doit pas être considérée comme un remède unique dans le cas de maladies, ce n'est pas un médicament magique, mais un moyen de communier avec la présence de la grâce de Dieu.

L'eau, consacrée le 18 janvier à la veille de l'Épiphanie et le 19 janvier, le jour de la fête de l'Épiphanie, a exactement les mêmes propriétés et le même pouvoir et symbolisme sacré que l'eau d'un bénitier. Ses propriétés purificatrices sont incontestables et très recherchées par les croyants.

La Théophanie et le bain d'eau glacée, se déroule dans toutes les églises russes. Le 19 janvier à Moscou un bassin est disposé au kremlin d'Izmaïlovo, vers le vieux marché aux puces, Place de la Révolution, Place de l'Arbat etc…la mairie de Moscou propose ainsi soixante lieux publics aménagés pour ces bains baptismaux glacés, et cent mille personnes se déplacèrent en 2019 pour être immergés. En 2010, trente-sept bassins disséminés dans la ville de Moscou permirent 70 000 baptêmes publics, et environ 9 à 10 millions de personnes le furent dans tout le pays, en 2019 le nombre a presque doublé.

Le rite baptismal demeure malgré tout modeste, par le nombre de participants, si on le compare aux processions de dizaines de milliers de personnes qui marchent dans des rues fermées à la circulation, précédées par des prêtres en grande tenue, des icônes, des croix, des étendards aux images pieuses brodées. Toute la largeur des boulevards ou avenues est saturée de personnes, lors de Pâques, sans doute la plus grande fête chrétienne en Russie, ses processions religieuses rassemblent même ceux qui ne pratiquent pas. Mais lors d'autres fêtes religieuses aussi, le jour le nombre de participants est si immense, que l'on ne peut compter le nombre de personnes présentes, les rues sont envahies, prises d'assaut par une dense multitude.

Le 28 juillet 2018, la Russie célébra le 1030e anniversaire de sa christianisation, un événement à l'échelle civilisationnelle. Des dizaines de milliers de fidèles de l'Église orthodoxe, dont le Président russe, ont pris part à la liturgie solennelle consacrée à cet évènement public.

Dans tout cet ensemble de rites, l'Église orthodoxe attache une grande importance au jeûne, c'est-à-dire aux jours d'abstinence totale ou partielle des aliments, ainsi qu'à divers divertissements mondains qui détournent l'esprit.

Les malades, les enfants ou personnes âgées sont bien sûr dégagées de ces contraintes et exemptes de suivre le strict jeûne si leur santé ne le permet pas, l'important est de participer et de se limiter dans une frugalité circonstancielle.

Jésus fut emmené au désert par l'Esprit, pour être tenté par le diable. Il jeûna durant quarante jours et quarante nuits, après quoi il eut faim. S'approchant de lui, le tentateur dit :

« Si tu es Fils de Dieu, fais que ces pierres deviennent des pains ».

Le mal ne parvint pas à ses fins, malgré la soif, la faim, la chaleur extrême, le Christ l'affronta.

Jésus répondit :

« Ce n'est pas de pain seul que vivra l'homme, mais de toute parole qui sort de la bouche de Dieu ». (Matthieu 4, 1-4)

Selon les enseignements de l'Église Orthodoxe, le jeûne est une ascèse personnelle et collective. Comme nous l'apprennent l'Ancien et le Nouveau Testament, les disciples de Jean le Baptiste jeûnaient, ainsi que Jésus lui-même, avant d'entreprendre sa vie publique, il jeûna pendant quarante jours.

Dans la recherche d'absolutisme et de purification, le jeûne est un commandement divin (Gn 2, 16-17). Selon saint Basile, le jeûne remonte au même âge que l'humanité, car il a été instauré dès le paradis originel.

Les orthodoxes observent plusieurs carêmes, mais seulement quatre très longs jeûnes majeurs. Chaque année, avant Pâques, lors de la grande fête de la Résurrection du Seigneur, le jeûne des Saints Apôtres, et celui de l'Assomption, dit de la Dormition de la Vierge, comprenant les deux premières semaines d'août, enfin Noël dit, de la Nativité le 6 janvier. Après la célébration de la première liturgie, certains fidèles mangent la koutia, un mélange de blé et de fruits confis qui rompt symboliquement le carême.

Le plus long jeûne, auquel l'église attache une grande importance, est ce qu'on appelle le grand carême qui commence le lundi ou Shrovetide, et dure presque sept semaines jusqu'à Pâques, il est précédé de quatre semaines dites préparatoires.

L'église encourage la repentance et l'humilité comme condition préalable dans une telle préparation préalable, tout au long de l'année liturgique, elle exalte la vigilance, pour demeurer sans cesse sans faille, pour susciter le rejet de la faiblesse spirituelle, les tentations, et tout ce qui fait dévier et nous corrompt. Dans l'idée, cette pénitence volontaire démontre la force de caractère du croyant, sa capabilité.

La tradition divise le très grand jeûne en deux parties, celui de la Sainte Pentecôte et celui de la Semaine Sainte qui précède immédiatement les vacances de Pâques.

Le jeune de l'Assomption tout aussi important, est fixé avant les vacances de la Transfiguration et de l'Assomption de la Vierge, il dure deux semaines, du 1er au 15 août.

Des jeûnes d'un jour sont également rigoureusement marqués, lors de la fête de l'Exaltation, le 14 septembre, le jour de la mort de Jean-Baptiste, le 29 août et la veille de la Théophanie, le 5 janvier.

L'abstinence de certains aliments et la frugalité, quant au type d'aliment et à sa quantité, relèvent de l'importance dans le jeûne. Il est déconseillé d'utiliser les aliments les plus nutritifs, tels que la viande, les graisses animales, les produits laitiers, le fromage, les œufs, et de réserver une consommation limitée de poisson, pas d'huile d'olive ou autres matières grasses végétales, pas de vin ou de boissons alcoolisées non plus.

Dans le Nouveau Testament, de manière plus générale, le jeûne est décrit comme un moyen d'abstinence, de repentir et de croissance spirituelle. Sa stricte observance fait partie d'un des dogmes les moins faciles de la foi pour ceux qui n'en ont pas l'habitude. Dans les monastères, on jeûne aussi le lundi, en l'honneur des Anges.

En outre, tous les fidèles doivent observer l'abstinence de nourriture dès minuit le soir qui précède la Communion. Il convient aussi de jeûner en signe de repentir en pénitence physique, pour la réalisation d'un vœu spirituel, ou avant le baptême des adultes, et durant les saints pèlerinages.

Prière, travail, frugalité, le jeûne, une vie austère vouée à Dieu, sont la base de la vie monastique, dans laquelle rien ne doit interférer entre la foi, l'âme de l'individu et le Seigneur. Pour des gens ordinaires comme vous et moi, cela relèverait d'une contrainte, pour les moines, c'est une récompense du ciel.

MONASTÉRE

SRETENSKY

La Foi Ouvre L'âme
Вера Открывает Душу

François Garijo

Le Monastère des Grottes de Pskov

Сретенский Мужской Монастырь

Pour comprendre cette Russie moderne et pieuse dont nous avons à peine aborde la force de conviction des fidèles au quotidien, nous allons maintenant plonger dans l'histoire extraordinaire des origines du Monastère Sretensky de Moscou. Elle est intimement liée à l'expansion spirituelle du Monastère des Grottes de Pskov au début des années 90, dont l'archimandrite Ioann redoutait qu'il serait absorbé par la nouvelle territorialité estonienne lors de sa prise d'indépendance. C'est pour cette raison que le désir de créer un second monastère en Russie rattaché à celui de Pskov émergea, afin de conserver ses liens avec la Russie.

De 1918 à 1940 le monastère de Pskov se trouvait en territoire estonien, isolé dans l'arrière-pays frontalier, échappant au tumulte de la révolution, en raison de cela, il avait été miraculeusement laissé intact. Afin de s'y rendre, la liaison ferroviaire de nuit sur la ligne Moscou Tallin s'arrête à la gare de Petchory Pskovskie à cinq heures du matin, il faut ensuite prendre un bus en horaires journée, pour atteindre le monastère, éloigné dans les terres à plus d'une heure de route terreuse chaotique de campagne quasiment impraticable l'hiver tant la neige y abonde, où lors du dégel et ses torrents de boue.

Le Monastère des Grottes de Pskov se trouve à cinquante-trois kilomètres de la ville de Pskov, à côté du village de Petchory, à la frontière entre la Russie et l'Estonie, proche de seulement cinq kilomètres, cette proximité fait dire à certains fidèles qu'il s'agit du Monastère Petchorski.

L'Empire Russe avait progressivement intégré les nations baltes dans sa couronne car elles sont une extension naturelle sur l'accès à la Mer Baltique depuis Saint Pétersbourg en passant par Kaliningrad, face à la Finlande.

En 1918 toute la Baltique, de la Lituanie, l'Estonie à la Lettonie obtenait sa souveraineté, pour une courte durée, car ces pays sont de nouveau annexés au sein de la Grande Russie Soviétique par Staline en 1945, ils ne recouvreront leur indépendance qu'en 1991.

Depuis la fin de l'Union Soviétique, le monastère est florissant, la communauté monastique dépasse la centaine de membres, des milliers de touristes et pèlerins affluent devant les remparts. Venus en voiture ou en autobus, ils franchissent à pied la porte d'entrée sous le mur d'enceinte avec humilité, baissant la tête sous l'icône du porche blanc.

Début des années 2000, le Monastère de Pskov-Petchora rayonne du fait même de l'image qu'il évoque de cette religion orthodoxie insoumise ayant survécu à ses persécuteurs soviétiques Le lieu en devint attractif, pour de nombreuses personnalités russes, artistes ou politiques, jusqu'au président Eltsine ou le futur Président Vladimir Poutine lui-même, quand il n'est encore qu'un fonctionnaire employé de la mairie de Saint Pétersbourg.

La présence de l'intelligentsia russe orthodoxe dans une foi retrouvée s'opposant à l'idéologie soviétique marxiste-léniniste, est la preuve que le monastère rayonna d'une forte aura de sainteté spirituelle et de dissidence morale communicative, face à l'oppression politique. La religion est apolitique et ne peut se dissoudre par une idéologie athéiste pragmatique mercantile de certains opportunistes. Elle résista sacrificiellement au Marxisme, forgeant le respect dans l'esprit de la nation, mais des milliers de personnes payèrent chèrement de leur vie ce choix de libre pensée.

Où vous placez votre attention, votre prière, vous fixez votre énergie. Les objectifs clairs dans vos pensées, se renforcent avec des émotions positives qui améliorent votre vie physique et psychologique, grâce à la foi en Dieu, c'était le sens poursuivi par ces humbles victimes de la révolution prolétaire, ils désiraient méditer, prier, simplement croire en Dieu.

Une fois le Grand Prince Vladimir de Kiev baptisé, il fit adopter à tout son peuple la religion chrétienne vers l'an 988, dans le christianisme de rite byzantin, depuis donc mille ans la Russie est Chrétienne Orthodoxe. Tout naturellement, mille ans en arrière les premiers moines apparurent dans la région et vinrent habiter dans ces grottes de Petchorski qui se trouvaient sous une butte de terre nommée la Butte de Petchersk. On peut dire qu'il s'agissait d'ermites troglodytes en quelque sorte, des hommes de foi, solitaires et précurseurs.

La spécificité unique du Monastère de Pskovo Petcherski qu'ils construisirent-là, provient de l'existence d'antiques grottes à partir desquelles le Monastère s'est construit il y a environ six cents ans.

Ces grottes disposent de labyrinthes souterrains qui s'étendent sur des kilomètres au-dessous du Monastère, de ses églises et des cellules monacales, des champs alentours et jardins monastiques.

C'est là que s'installèrent les premiers moines ermites, sous terre, ils y aménagèrent des lieux de culte atypique, et des réfectoires de vie troglodyte. Au fur et à mesure des années, ils y inhumèrent leurs défunts dans des niches sablonneuses creusées dans les parois des galeries dont les moines entreprirent d'agrandir le parcours au cours des siècles.

La première communauté monastère vit le jour sans doute au cours de l'an 1050, selon une ancienne légende, on célèbre déjà la divine liturgie dans la caverne principale, qui se trouve sur le territoire frontalier entre les territoires de Pskov et ceux de l'Ordre de Livonie, découverte vers 1392.

Bien des siècles plus tard, la communauté monacale grandit, tout naturellement les premières constructions en surface apparurent, et afin d'éviter les pillards une enceinte de fortification fut édifiée avec une porte principale portant une coiffe, sous le fronton de laquelle une sainte icône fut apposée.

De nos jours une visite partielle du Monastère et de ses grottes souterraines est possible, l'entrée principale depuis la surface, se trouve fermée par une porte avec une modeste cellule munie d'une lucarne. A cet endroit au début du XX° siècle l'hiéromoine du Grand Habit de Lazare avait fait acte d'ascèse, et résidait ici à l'écart des autres frères.

L'ermite Lazare y vécut dans des conditions de dénouement extrême durant vingt-cinq ans, à sa mort il fut inhumé, sur place, y demeurant à jamais.

Au-dessus de sa dalle funéraire sont accrochées de lourdes chaines qu'il portait en pénitence à même la peau par esprit de mortification corporelle et spirituelle. Ordinairement elles pendaient au bout d'une icône en métal placée autour du cou des pénitents, mais dans son cas il s'agissait d'une lourde croix en fer.

Il s'agit aussi de l'entrée du vieux cimetière de la confrérie religieuse, dont les grosses et anciennes clés sont accrochées au mur de la cellule de l'hiéromoine en charge des lieux. Différentes galeries partent dans distinctes directions bloquées par des portes en fer. Des générations de moines y trouvèrent sépulture, mais depuis l'an 1700, plus personne n'y est plus inhumé, désormais les touristes et pèlerins les visitent en partie, tant les corridors sont sans fins.

Les croyants parlent de Saintes Grottes de Pskov, édifiées par Dieu, aujourd'hui ce sont un lieu de sépulcre monacal où plus de quatorze mille personnes sont inhumées, à la fois moines, habitants de Petchory et soldats ayant défendu le monastère lors des incursions armées étrangères au moyen âge. Les cercueils ne sont pas enfouis en terre mais déposés dans les niches creusées dans les parois, les uns sur les autres le long d'immenses labyrinthes. Aucune odeur de putréfaction ne s'en dégagea jamais, c'est un miracle de Dieu, certains corps sont demeurés quasiment intacts durant de longues années, au grand étonnement du corps médical qui inspecta les lieux avec stupéfaction.

Touristes et pèlerins parcourent quelques galeries, demeurant ouvertes à leur intention, tous constatent la fraicheur des lieux et la pureté de l'air que l'on y respire. Longtemps les autorités soviétiques s'interrogèrent sur cette étrangeté, sans que leurs scientifiques ne puissent apporter de réponse.

Selon une ancienne légende, l'hiéromoine Jonas, ancien prêtre, arrive à Pskov en 1470, il y est persécuté et doit s'éloigner de la ville. Parvenu dans une caverne, il aménage une chapelle de ses mains, dans le lieu qui deviendra plus tard, l'église de l'Assomption.

Le monastère de Petchora grandira autour de cette première église dans la caverne creusée par le moine Jonas.

L'église de l'Assomption, aménagée â même la montagne par son fondateur Saint Jonas, creusée dans une grotte, dispose de deux chapelles en l'honneur d'Antoine et de Théodose de Petchora. L'iconostase ancienne contient beaucoup d'icônes en chasubles précieuses, issues de dons offerts par de puissants nobles de la cour et des Tzars eux-mêmes, nous aurions énormément de mal à évaluer la valeur de cet héritage culturel, que de par sa valeur et rareté.

Saint Cornélius, l'un des premiers higoumènes du monastère repose ici pour toujours, ses reliques vénérées ici, dans l'église de l'Assomption, elles sont déposées dans une châsse en argent devant laquelle les croyants se baissent et se signent quotidiennement.

Cornélius nait vers 1501, Il fait ses études au monastère de Miroj où il acquiert l'éveil pour la vie spirituelle et monastique, en rupture avec des origines familiales aisées, au sein d'une famille de boyards de Pskov. Demeurant longtemps au poste d'higoumène du monastère, il l'occupe pendant 41 ans, cet ascète périt en 1570 à l'âge de 69 ans, tué de la main d'Ivan le Terrible, dans un excès colérique, d'Ivan, en proie à des troubles du comportement et une à une hystérie totale.

Le Tzar Ivan Grozny, frappa à mort l'higoumène car il refusait de ramper devant lui en signe de soumission, sous les yeux des frères moines, c'est sous la violence d'un coup identique qu'Ivan le Terrible tua son propre fils. D'après les chroniques conservées à la Laure de la Trinité Saint Serge, Ivan le Terrible se repentit immédiatement après son acte, et emporta dans ses bras le corps de Cornélius pour le conduire au monastère. Le sentier vers l'église de l'Assomption sur lequel son sang fut versé au moment de son passage reçut le nom de Chemin Sanglant, puis le corps de Cornélius fut inhumé dans les cavernes des galeries souterraines.

En 1690 ses saintes reliques considérées comme miraculeuses sont déplacées sur ordre du métropolite Markell de Pskov et d'Izborsk vers la cathédrale de l'Assomption de la Vierge et ensevelies dans un nouveau cercueil directement inséré dans le mur de l'église.

Cornélius est canonisé par l'église orthodoxe comme un Saint Martyr honoré le 20 février selon le calendrier julien.

Cornélius décida de rejoindre la communauté monacale au monastère de Pskov-Petchora récemment construit en surface des grottes, et de se retirer définitivement des tumultes du monde, lui qui devint moine à l'âge de vingt-deux ans, était en seulement six ans, parvenu au rang d'higoumène du monastère à l'âge de 28 ans, en 1529, alors que le nombre des moines n'est que de quinze hommes.

Progressivement le nombre de moines présents va grandir à plus de deux centaines en quarante ans, le monastère construit une boulangerie, une poterie, dispose de cultures vivrières, devenues indispensables pour les nourrir tous.

Une bibliothèque ouvre, les moines copistes traduisent et reproduisent des textes de manuscrits théologiques ou laïques. Outre des manuscrits russes, d'autres documents plus rares figurent à son inventaire, tel le code d'ecténies apporté au monastère en 1561, depuis le mont Athos en Grèce.

Dans la tradition slave, toutes les litanies portent le nom d'ecténies, le service liturgique mémoriel se compose de psaumes, d'ecténies, d'hymnes et de prières.

La partie fixe de l'Orthros (liturgie), nommée Akolouthia, est composée essentiellement de psaumes et d'ecténies, dont le monastère détient des ouvrages rares uniques.

Quelques animaux paissent dans les champs adjacents et la communauté monacale vit en parfaite autonomie, parvenus à ce stade de développement, il est décidé de couler des cloches.

À l'église, les cloches sonnent au début et à la fin des offices, le jour les mariages et les funérailles. Celles du Monastère de Petchory Pskovskie survécurent à la destruction soviétique et sonnèrent longtemps alors que tant d'autres furent volées des clochers, puis fondues par les bolcheviques, et que les monastères furent dévastés, et les églises détruites sans retenue aucune. Au début du siècle en Russie, il y avait 39 cloches pesant plus de 1000 livres, qui constituaient trois quarts du nombre total de ces grandes cloches dans le monde entier, parmi elles seulement cinq ont survécu au saccage soviétique.

Chaque son de cloche est unique et représente un véritable chef-d'œuvre musical reconnaissable entre mille, sa signature acoustique spécifique.

Elle consiste en une combinaison de nuances, totalement unique, dont le timbre dépend de multiples facteurs comme sa taille, son poids, l'alliage du métal avec lequel elle fut fondue, sa forme, l'épaisseur de la paroi, et même les inscriptions de relief en surface, ou la portée du son suivant la hauteur où elle se situe et s'il y a du vent ou pas.

La fixation et le type bois en support, avec le montage de la cloche peut aussi jouer un rôle sur le timbre.

Au fil des ans, les moines élargissent et agrandissent les corridors souterrains et les cavernes monastiques, ils érigent une église en bois vouée à la mémoire des Quarante martyrs de Sébaste, elle se situe dans la cour du monastère, par la suite une église en pierre en l'honneur de l'Annonciation de la Vierge sera érigée en 1541 sur l'emplacement exact où l'église en bois des quarante martyrs avait existé par le passé.

Les Quarante martyrs de Sébaste étaient des soldats de la Douzième Légion en garnison à Mélitène, en Arménie romaine, l'actuelle Turquie. Les XIIe et XVIe légions romaines gardaient probablement encore la traversée de l'Euphrate près de Melitène au début du Ve siècle. En 320, opposé à l'Empereur Constantin, son beau-frère qui régnait sur l'Asie, décrète que tout chrétien sous peine de mort doit abandonner sa foi et le Christ.

Très vite, à Sébaste, quarante jeunes et braves officiers, membres de la XII° Légion Foudroyante (Fulminata), nom qui fut donné à leur unité, en hommage pour les victoires qu'elle avait obtenues sous Marc-Aurèle, se déclarent chrétiens. En mars 320, ils refusèrent, de renier leur foi chrétienne, et obligés de demeurer une nuit entière, nus, sur un étang gelé, en plein hiver. On leur promit des bains chauds s'ils reniaient la foi chrétienne, mais ils se soutenaient les uns les autres pour qu'aucun ne lâche prise, tous résistèrent bravement.

Le seul qui renia sa foi, mourut aussitôt dans une cuve d'eau tiède, à cause du changement trop violent de température. Un des gardiens, se convertit, convaincu devant tant de piété, il alla le remplacer sur le lac, de manière à maintenir le nombre sacré de quarante. Ils furent tous achevés le lendemain matin et incinérés dans un bucher. Les légionnaires dispersèrent les cendres des Martyrs et jetèrent leurs ossements dans le fleuve. Le plus ancien témoignage écrit de leur martyre est un sermon attribué à saint Basile. Chez les orthodoxes la fête des quarante martyrs se déroule en plein cœur des 40 jours de carême, chiffre symbolique chez les chrétiens.

Les noms des Quarante Martyrs sont : Acace, Aétius, Alexandre, Angias, Athanase, Candide (ou Claude), Cyrille, Dométien, Domnus, Ecdikios, Elie, Eunoïque, Eutychius, Flavius, Gaius, Gorgonius et un autre du même nom, Hélien, Héraclius, Hésychius, Jean, Khoudion, (ou Léonce), Lysimaque, Mélèce, Méliton, Nicolas, Philoktimon, Priscus, Quirion, Sacerdon, Sévérien, Sisinius, Smaragde, Théodule, Théophile, Valens, Valère, Vivien, Xanthias. Ainsi qu'Aglaïos, le soldat, qui se sacrifia pour compléter leur nombre sacré[1].

Le monastère prospère avec un des moines, le moine martyr Kornili (1501 1570), qui devint le supérieur à l'âge de vingt-huit ans, les lieux monastiques se trouvent alors entourés d'une grande et dense forêt et ne comportent que quinze moines permanents seulement. Sous sa direction la confrérie grandit jusqu'à plus de deux cents membres permanents, qui entreprennent de bâtir sans relâche de nombreuses structures dans les environs, hôpital, orphelinat, église hospice pour nécessiteux, agrandissent aussi la bibliothèque. Les activités bienfaitrices auprès des pauvres gens aux alentours, permirent au monastère d'acquérir un rayonnement spirituel d'évangélisation très important, allant bien au-delà de la région même.

Les premiers livres relatant la vie du monastère furent rédigés ainsi que des listes précises des frères défunts qui y avaient séjourné, des bienfaiteurs et défenseurs des lieux. Ces chroniques précieuses servaient aussi à puiser les noms qui devaient être récités au cours des offices liturgiques en souvenir perpétuel. Une description des miracles de l'Icône de la mère de Dieu de Petchory et bien sûr, l'histoire détaillée de la vie du Monastère au travers des ans et des siècles, fut retranscrite, les moines devinrent des historiens témoins de leur temps, on peut dire qu'ils ne chômèrent pas.

---

[1] La Douzième Légion a participé à beaucoup plus de batailles à travers l'histoire. Ils ont loyalement servi l'empire romain. À la fin de leur temps, la XIIe Legio Fulminata portait plusieurs noms : XXI Legio Paterna, XII Legio Victrix, XII Legio Antiqua, XII Legio Galliena : https://9179773218965277736.weebly.com/xii-legio-fulminata.html

Le Supérieur Kornili édicta des règles canoniques, puis les consigna dans une chronique, figurant dans un ouvrage historique, témoignage incroyable de cette époque, dont on ne trouvait nulle part ailleurs d'identique.

Kornili fut décapité de la main même d'Ivan Grozny (le Terrible pour les français), puis fut canonisé Saint Martyr Protecteur du Monastère. Il figure régulièrement dans les brefs offices d'actions de grâce, les molebelen, depuis plus de cinq-cents ans.

Le Monastère de Pskovo Petcherki, est plus modeste, que celui plus célèbre fondé au XII° siècle sur l'une des îles du Lac Lagoda, le Monastère de la Transfiguration du Sauveur de Valaam, célèbre non seulement en Russie, mais aussi dans toute la chrétienté comme un haut lieu Saint. Aussi, Petcherki demeura longtemps, pendant plusieurs siècles un simple monastère de province, avant de devenir sous l'époque soviétique le symbole du dernier monastère en lutte contre les idées athéistes bolcheviques, combat spirituel et physique dont il sortira vainqueur à la Grâce de Dieu.

L'église orthodoxe Russe était anéantie sous la politique révolutionnaire, en 1917, la Russie comptait 60 000 églises et 117 millions d'orthodoxes répartis en 73 diocèses, en 1966, elle ne disposait plus que 7523 églises et 16 monastères. On assista miraculeusement et de façon insoupçonnée à la survie de ce petit monastère de Pskovo Petcherki, perdu vers un village frontalier, alors que des milliers d'autres lieux disparaissaient à tour de rôle, partout dans le pays.

Son futur était destiné à des grandes et spécifiques fins, connues et voulues par Dieu seul. Il s'agit de l'unique monastère russe n'ayant jamais fermé ses portes un seul jour à l'époque soviétique et à avoir évité la destruction par la force de la détermination de ses moines. L'héritage spirituel du monastère a donc été retransmis intact, sauvegardé sans aucune interruption temporelle. Cela relève d'un véritable exploit, on peut dire un Miracle Divin.

Même la très symbolique Trinité Saint Serge n'échappa pas aux tentatives d'annihilation de l'élan révolutionnaire destructeur. La Laure de la Trinité est à cinquante kilomètres de Moscou, des milliers de personnes viennent encore aujourd'hui, y chercher le sens de la vie, parfois à des moments critiques de leur existence ou du cercle de leurs proches. La Trinité Saint Serge se trouve à proximité de Zagorsk, nom soviétique rebaptisée Sergeiev Possad, son ancienne dénomination d'avant la révolution.

À l'intérieur depuis plus de trois cents ans, l'Académie de Théologie de Moscou formait pour les besoins de l'église orthodoxe, des nouveaux ecclésiastiques. Un bâtiment moderne fut créé en 1814 refermant l'école de chant, le séminaire, l'école d'iconographie, de peinture, l'académie religieuse. L'ensemble accueillait en 2019 environ sept cents élèves. Elle gênait dès le début de la révolution d'octobre, au bon fonctionnement environnemental du gouvernement prolétaire soviétique. De 1920 à 1991, l'Etat tenta avec violence et par tous les moyens en son pouvoir, d'étouffer la vocation religieuse qu'elle suscitait dans la population de la Russie.

Á l'époque soviétique le symbole le plus expressif de la brutale répression de l'église russe et de ses représentants fut le Monastère de Diïevo, fondé par le bienheureux Sérafim de Sarov, le monastère fut réduit en ruines, et ces dernières laissées apparentes comme pour signifier les vestiges du triomphe des soviets, sur les cendres des lieux religieux.

Près du portail d'entrée la statue de Lénine fut érigée le bras tendu vers le ciel. La ville qui se trouvait à côté fut rebaptisée Arzamas 16 et devint zone interdite, car elle renfermait l'un des centres les plus secrets et protégés de toute l'Union Soviétique, on y fabriqua la première bombe atomique de Staline, instrument de mort à côté de l'ancien monastère source de vie. Elle reprit son nom d'origine Sarov en 1995, après s'être appelée Kremliov de 1991 à 1995.

A son décès, Saint Sérafim fut enterré au monastère de Sarov en 1833 puis canonisé par l'église orthodoxe, ses reliques furent placées dans la Cathédrale de la Trinité. Sa dépouille disparut mystérieusement sous l'époque communiste puis fut miraculeusement retrouvée à la fin de l'effondrement de l'Union Soviétique.

Dans ces lieux, à l'écart du tumulte de la société, les moines vivaient leur vie d'ascèse, les différenciant grandement des citoyens ordinaires. Par milliers dans tout le pays, ils disparurent prématurément dans l'aveuglement politique de cette période dont les tourments ne connurent pas de répit.

Leur vie peu ordinaire les a fait grandir spirituellement et s'est accompagnée souvent de miracles à leur contact. Ils ont non seulement radicalement changé leur vie, mais aussi, celle de ceux qui les ont rencontrés et côtoyés. Dans une humilité profonde, en présence d'exploits ascétiques quotidiens dépassant ce que les forces humaines supportent ordinairement, certains furent pourvus de clairvoyance et de dons de guérison. Leurs prières et bénédictions étaient recherchées par de nombreuses personnes qui venaient de très loin, assister à des guérisons miraculeuses, des prières et bénédictions, du réconfort pour la plupart du temps.

Nous avons beau tenter d'expliquer rationnellement les évènements de notre vie, nous sommes en permanence les témoins de la présence d'une force spirituelle indissociable de la présence Divine en nous et en tout ce qui se trouve autour de nous. Pour ces saints moines et prêtres, plus que pour nous tous, cela avait toujours été une évidence. Après un siècle de polémiques et d'idéologies politiques libertaires, aucuns argumentaires scientifiques ou politiques, n'ont constitué une réponse à la crise de civilisation que les pertes de repères ont engendré chez les peuples. Mais les soviétiques s'obstinent à changer l'individu, à le formater à leurs désirs, pour eux, moines et prêtres devaient tous disparaitre, pendant que leur guide politique Staline s'entourait de conseillers occultes, mages, voyantes, sorcières, prédicateurs et cartomanciens.

Selon Jivko Panev, prêtre orthodoxe, et producteur de l'émission Orthodoxie sur la chaine de télévision France 2, dans son récit, Les persécutions contre l'Eglise orthodoxe en URSS :

« L'un des premiers décrets du pouvoir soviétique fut celui du 20 janvier 1918, entérinant la séparation d'entre l'Eglise et l'État, confisquant à l'Eglise tous ses biens, capitaux, terres, bâtiments, églises. Conséquence de ce document, en 1918, on ferma les institutions spirituelles pédagogiques, dont les écoles diocésaines et les églises rattachées, on supprima les formations spirituelles, l'activité religieuse et éditoriale. La première vague de persécution contre l'église orthodoxe emporta plus de 15 000 prêtres, moines ou nones pour les seules années de 1918-1919. En février 1922, un décret soviétique sur la confiscation des biens d'église fut publié. Lénine enjoignit Trotski de diriger secrètement les persécutions avec cet ordre : Plus nous fusillerons de clercs, mieux ce sera, (Lettre du 19 mars 1922). La deuxième vague de persécutions provoqua près de 20 000 répressions. Les persécutions de masse se poursuivent en 1929 et durèrent jusqu'en 1933. Les prêtres furent arrêtés à cette période et envoyés dans les camps, mourant en martyrs. Pour la période de 1929 à 1933, on compte près de 60000 arrestations et 5 000 exécutions de prêtres supplémentaires », fin de citation.

En 1937, 85000 prêtres, religieux et croyants furent exécutés. Les vagues ont augmenté proportionnellement, ce qui permet d'estimer le nombre total de victimes du Christ au vingtième siècle en Russie, entre 500 000 à un million de personnes. La vie monacale dans l'ascèse est le témoignage millénaire de la révélation spirituelle dans l'âme humaine, en marge de tout le tumulte inconsidéré de la vie vouée au matérialisme. Quelle que soit l'idéologie politique, et ce qu'elle devait apporter à l'humanité, ces personnes ne méritaient pas le sort horrible qui leur fut réservé.[2]

---

[2] https://www.pravmir.ru/za-xrista-postradavshie-v-xx-veke-krov-muchenikov-semya-cerkvi-2/

La manifestation de cet ordre spirituel et équilibre des choses nous échappe, notre compréhension du système de l'univers et de la vie sur terre est nécessairement un mystère et ne sera jamais résolu, il y aura toujours quelque chose qui nous nous rapprochera de l'existence de Dieu malgré nous. L'âme des hommes et des femmes aspire constamment à la paix et au bonheur, que seul le mercantilisme financier et l'athéisme ne pourront jamais satisfaire.

Rien n'est réparti au hasard, et même si l'esprit humain tente de s'affranchir par la rationalité, l'être humain aussi intelligent soit-il demeure faible intérieurement hors des liens spirituels le reliant au Divin, cette connexion fait partie de lui.

Les lois, codes, mystères de l'existence et de l'univers se manifestent dans un ordre si complexe et parfait qu'ils nous conduisent vers un esprit immensément supérieur à celui de l'homme. Ils nous démontrent le grand pouvoir créateur de Dieu dans toute sa splendeur et magnificence, et aux Grottes de Pskov la présence Divine est omniprésente.

Afin d'atteindre la paix intérieure, la pureté dans ses actions, ses pensées, et obtenir la transfiguration intérieure, les moines puis par la suite les croyants, doivent être accompagnés par un starets, un guide spirituel dont l'expérience mystique, et non l'âge, lui confère la capacité d'assumer la direction spirituelle de ceux et de celles qui sont en quête de Dieu. Ce mouvement connut en Russie une grande ampleur aux XVIII° et XX° siècles et retrouve un renouveau depuis fin des années cinquante, les starets sont aussi des confesseurs.

L'Archimandrite Ioann Krestiankin (Ivan Mikhaylovich Krestiankin 1910-2006) du Monastère des Grottes de Pskov, était de ces starets-là, En 1950, il fut arrêté par les autorités soviétiques, subit la torture en raison de sa vocation pastorale, les os de ses mains furent brisés sous les coups portés, puis il fut condamné à sept ans de travaux forcés au Goulag, avant d'être libéré en 1955 dans un état physique indescriptible.

Dans les années cinquante en pleine répression soviétique fut rétablie la direction spirituelle des starets. Le startchetsvo ou guidance spirituelle, se développe dès les débuts du monachisme, s'étendant jusqu'à nous jours à l'ensemble des croyants qui doivent être accompagnés par un starets, nombreux finirent en martyrs exterminés par les Tchékistes, qui en même temps effacèrent le calendrier et les fêtes religieuses, remplacées par des fêtes politiques ou de corporations (Профессиональные Праздники).

Les dates des calendriers orthodoxes comportent un vieux style datant d'avant 1918, et d'un style moderne actuel postérieur à la Révolution de 1918, les bolchéviques ayant adopté le calendrier dit Grégorien en usage en occident. L'église orthodoxe russe quant à elle continue à perpétuer le calendrier Julien et une différence de treize jours séparé les deux calendriers aujourd'hui.

Dans ce calendrier religieux, le jour de la mémoire des Nouveaux Saints Martyrs et confesseurs de la foi en Russie est fixée au 25 janvier de chaque année, car c'est le 25 janvier 1918, que fut exécuté le métropolite Vladimir de Kiev, première victime au sein du patriarcat de la persécution religieuse qui débuta lors de la Révolution.

Malheureusement assez vite et très violemment, on va assister à la persécution et à l'élimination physique des religieux. Nous comptons plus de 5 000 saints dans l'église orthodoxe russe, dont la plus grande majorité sont spécifiques à la Russie, la plupart sont des martyrs à qui on ôta la vie au nom de leur foi en Dieu.

Alors qu'au début du XXe siècle l'église orthodoxe russe ne comptait qu'environ 2500 saints, dont 450 saints russes, en un siècle le nombre va doubler. Les martyrs et saints confesseurs de l'Eglise russe au XXe siècle se comptent en de milliers. En janvier 2004, l'Eglise orthodoxe russe proclama 1420 canonisations de nouveaux martyrs et confesseurs, leur nombre augmente à chaque réunion du Saint-Synode.

Le dernier jour férié dans l'église orthodoxe russe est la fête consacrée à tous les saints russes (День Всех Святых, pour célébrer tous les saints, elle coïncide au premier dimanche après la Trinité (La célèbre la Toussaint des occidentaux).

Jadis, dans la Russie tsariste, tous les modes de production agricole avaient besoin d'un saint bienfaiteur spécifique, le paysan invoquait journalièrement le Divin par la prière. C'est ainsi qu'apparut une multitude de saints patrons de l'agriculture, dans la grande ruralité russe.

Étant donné que toutes ces branches de l'économie revêtaient une grande importance, leurs saints devinrent immédiatement très respectés et les vacances en leur honneur étaient largement suivies notamment lors de la fin de la récolte ou des foires commerciales au bétail.

Tous ces saints patrons et ces jours fériés en leur honneur disparurent du calendrier socialiste, qui sapait les racines de la religion, elles furent oubliées non seulement par le peuple, mais aussi par l'église elle-même durant de nombreuses décennies avant de disparaitre d'elle-même.

Ce processus de dépérissement des fêtes religieuses était inévitable dans l'ensemble de la construction du socialisme prolétaire dans la Russie communiste. Cependant, contre toute attente, soixante-quinze ans plus tard, à l'heure actuelle, les croyants célèbrent à nouveau de nombreuses fêtes de l'église. Le calendrier annuel actuel est richement fourni en dévotions journalières, le peuple apprécie de pouvoir honorer tel ou tel saint en fonction de sa conviction, et le panel est très large, ces festivités reviennent au goût du jour.

En plus de la Trinité et de la Vierge Marie, du Christ et des apôtres, les chrétiens vénèrent un grand nombre de saints, dont beaucoup, selon les enseignements de l'église, possèdent un don divin dans un domaine qui est propre à chacun. Les dévotions s'immiscent dans un besoin irrépressible de résoudre ses difficultés, avec soulagement et réconfort moral.

Le calendrier moderne de l'Église orthodoxe russe, après de nombreuses réductions, compte plus de 2500 saints sur son Menologion, la liste des saints commémorés nommément chaque jour de l'année, sur plus de 5000 répertoriés.

Sans surprise, une telle abondance de saints vénérés a conduit à l'établissement d'un grand nombre de jours fériés en leur honneur. En conséquence, il ne restait pas un seul jour vide sur le calendrier de l'Église orthodoxe russe.

En raison de cela, certains jours fériés, il y a trois à cinq saints différents vénérés, et parfois jusqu'à huit le 7 janvier, et neuf le 5 mars.

Selon les Pères de l'Église, tous les saints ne sont pas seulement un exemple de piété chrétienne, d'ascèse et de souffrance pour la foi, mais, en raison de leur vie pure, ils sont dotés d'un don miraculeux spécial. Une partie apparente de la grâce de Dieu s'étend à eux, et ils peuvent eux-mêmes la consacrer aux gens, au nom du Seigneur.

Les croyants les vénèrent pieusement, des églises sont entièrement consacrées en leur honneur, des services spéciaux de divine liturgie, et des pèlerinages spécifiques organisés à leur intention durant les congés. Leurs reliques et nombreuses icônes à leur effigie, bénéficient de la gloire du miraculeux, leur lien particulier avec le Divin est perçu et reconnu. Dans leurs prières, les croyants se tournent vers eux pour obtenir de l'aide, plus précisément, les conseiller dans leurs décisions, le soulagement ou la guérison de maladies, mais pas obligatoirement, beaucoup se renforcent mentalement avec la spiritualité.

Le culte des saints est un phénomène caractéristique non seulement du christianisme, mais surtout et avant tout distinctif de l'orthodoxie. L'Église orthodoxe prend sans aucun doute la première place parmi les autres religions, en raison du nombre de saints reconnus par elle.

Les théologiens de l'Église orthodoxe reconnaissent que la gloire de l'Église et de la communauté toute entière, réside dans le nombre de saints qui y rayonnent, témoignage de nombreuses vocations ascétiques saintes et sacrificielles, des vies hors du commun, touchées par la grâce de Dieu.

L'origine et la nature des fêtes les plus populaires russes parmi les croyants orthodoxes, se retrouve dans le culte des saints, du Christ et de la Vierge. Des jours fériés voués à perpétuer leur mémoire, glorifient église d'une aura considérable, ponctuant la vie des villes de province.

La dévotion des saints n'apparut pas immédiatement dès le début de la religion chrétienne, elle s'enracina dans la prédominance des générations passées, et du respect, après la mort de la personne révérée. Sa tombe, ses reliques, ses icônes, dont jusqu'à nos jours, les canons se sont perpétués, assurant l'étonnante continuité de l'esprit de la sainte personne, elle influe encore au présent sur le destin d'une personne.

Bénéficiant d'un grand respect même après leur mort, les premières personnes que l'église chrétienne a classées comme saints, sont les martyrs ayant souffert et subi la mort en raison de leur foi. Dans l'Église Orthodoxe Russe, le culte des saints a perduré dans une continuité destinée à n'oublier personne, perpétuant leur présence parmi nous.

Les premiers à être considérés comme saints en Russie, sont les fils des princes Boris et Gleb de Kiev. Sur les 68 saints orthodoxes canonisés à leur suite, seuls cinq étaient tous de langue russe, les autres de différentes nations. Par la suite, le processus de formation d'un État Russe centralisé, conduisit à l'accumulation d'une multitude de saints en Russie jusqu'à culminer au XX° siècle, avec le massacre de masse d'hommes d'église et de moines, fauchés par la soif de sang de la révolution russe et du soviétisme, engendrant les Nouveaux Saints Martyrs Modernes. En 2019, deux-mille saints figurent à l'éphéméride journalier du calendrier religieux sur les cinq-mille recensés, soit environ une moitié.

Dans la chrétienté ancienne, la liste principale des saints vénérés se composait des noms des apôtres et des martyrs. Dans les vestiges de l'Église du deuxième siècle, on découvre déjà, des preuves factuelles de célébrations, ou journées commémoratives d'événements évangéliques ainsi que de commémoration des martyrs.

Alors que l'orthodoxie ne comptait au début du XVIème siècle, que 22 saints, au milieu de ce siècle-là, sous Ivan le Terrible, 39 saints martyrs furent ajoutés, tel un signe des temps obscurs que traversa la Sainte Russie. Durant la période allant de la mort d'Ivan le Terrible à la formation du Saint-Synode en 1721, c'est-à-dire pendant 137 années environ, 132 autres saints furent inclus puis de 1721 jusqu'à la fin du IX° siècle environ 130 autres saints. La nomination des saints a persévéré jusqu'à la grande révolution socialiste d'octobre avec 462 nouveaux saints. Au XXI° siècle leur nombre est exponentiel, le Conseil des nouveaux martyrs et confesseurs de Russie a commencé à se former en 1989, lorsque le patriarche Tikhon fut canonisé. Aujourd'hui, dans chaque diocèse, les travaux se poursuivent pour recueillir des informations sur ceux qui ont souffert pour la foi, les dossiers sont en préparation pour la canonisation de saints non encore reconnus. Pour une image la plus complète de l'étendue de la persécution, ils seront aidés par une base de données unique, qui existe dans « l'Université Humanitaire orthodoxe Saint-Tikhon, Pour les victimes du Christ ».

La Commission de canonisation étudie toute la vie des nouveaux martyrs, ils sont évalués, envoyés en révision, ou proposés à au Saint-Synode pour la canonisation définitive. Aujourd'hui, 1596 personnes qui ont souffert pour la foi sont comptées comme des saints. La commission publie la vie des nouveaux martyrs et confesseurs du XXe siècle en russe, comportant 29 000 noms au 1 er janvier 2007[3].

---

[3]https://www.pravmir.ru/za-xrista-postradavshie-v-xx-veke-krov-muchenikov-semya-cerkvi-2/

L'Icône Vladimirskaya
Bienfaitrice de Sretensky

Les icônes ne sont pas à prendre avec légèreté, mais avec un profond respect.

En 1613, devant l'icône de Théodorov, la religieuse Marthe bénit son fils Michael, le premier de la dynastie des Romanov. Priant devant l'icône de la très sainte Théotokos, dite Theodorovskaya, particulièrement vénérée dans la famille impériale. Les princesses d'origine étrangère qui épousèrent des souverains russes, reçurent toutes le patronyme identique de Feodorovna, après leur baptême dans l'orthodoxie.

Devant une autre icône miraculeuse, celle de Théodore, les gens prient pour la préservation du pays contre les attaques d'ennemis extérieurs et les conflits civils, l'aide aux voyageurs, aux prisonniers, à tous ceux souffrant de troubles, chagrins, pauvreté, maladies physiques et mentales, etc. Ils demandent en particulier à la Sainte Vierge, de bénéficier de sa protection pour la famille, son assistance pour mettre au monde et élever des enfants, ainsi que pour porter une grossesse a terme sans risque, ainsi que le soulagement des maux corporels liés à l'accouchement.

La Mère de Dieu de Vladimir, une des saintes icônes protectrices de la Russie, fut à l'origine de la naissance du Monastère Sretensky, elle se plaça très exactement là où il va naitre voici plusieurs siècles en arrière. Contrairement à la plupart des autres églises orthodoxes russes du même nom, ce monastère n'est pas, comme on pouvait s'y attendre, nommé d'après l'une des douze grandes fêtes de l'église orthodoxe russe, d'où l'on pourrait extraire son nom Sretenie Gospodne ou, la Présentation de Notre-Seigneur au Temple. Étant une église slave, le mot spécifique Sretenie, désigne une réunion, en l'occurrence entre les moscovites et l'icône de la Vierge, mais cette dernière fut placée dans une église entièrement consacrée à son nom et pas dans le monastère de la rencontre.

L'origine du nom du monastère Sretensky vient du fait qu'il fut construit à l'endroit où les moscovites et le prince au pouvoir, rencontrèrent l'icône de Notre-Dame de Vladimir, le 26 août 1395. L'icône fut déplacée de Vladimir à Moscou par le Grand Prince Vasily Dmitrievitch 1er, et parcourut son chemin deux semaines durant, sur des routes dangereuses, pour venir protéger la capitale de l'invasion imminente de Tamerlan dont l'armée hostile, se retira finalement sans combattre.

Le monarque russe reconnaissant, fonda le monastère à la périphérie de la Grande Posad, le premier cercle de l'enceinte extérieure de la grande Moscou médiévale, pour commémorer ce miracle, et marquer l'emplacement où deux ans auparavant, le 26 août 1395, la population civile Moscovite et le prince au pouvoir, rencontrèrent l'icône. Sretensky est donc demeuré un symbole historique très fort durant plus de cinq cents ans, lié avec la présence de l'icône Vladimirskaya, nous devons le signaler, mais l'image de la vierge ne fut pas placée à l'intérieur. Durant plusieurs siècles la Sainte Icône de Vladimirskaya fut ramenée à Moscou plus d'une fois, et dans le même but, allant et venant depuis son église d'adoption.

Le monastère Sretensky (Сретенский Монастырь) fut fondé par le Grand Prince Vasily 1er sur le terrain de Koutchkov, sur le lieu de la réunion des moscovites autour de l'icône de la Mère de Dieu Vladimirskaya, actuellement conservée par la Galerie d'Etat Tretyakov, dans le quartier de Zamoskvoretché qui a conservé sa physionomie du 18ème siècle, de l'autre côté de la rivière face au Kremlin. C'est l'un des rares endroits de la capitale à avoir gardé des immeubles à 1 ou 2 étages pour le moment.

Des fêtes religieuses ont été instaurées en l'honneur de chacune de ces réunions, le 21 mai, en mémoire du salut de Moscou après l'invasion de la Crimée, par le Khan Makhmet Giray en 1521, le 26 août en mémoire du salut de Moscou après l'invasion de Tamerlan en 1395, le 23 juin en mémoire du salut de la capitale après l'invasion de Khan Ahmat en 1480.

L'origine du nom du monastère vient du fait qu'il a été construit à l'endroit où l'on accueillit l'armée russe. Tamerlan se retira sans combattre, et le monarque reconnaissant fonda le monastère pour commémorer le miracle, ce monastère de 1397 s'inscrivait dans la démarche d'action de grâces collective.

En 1552, les Moscovites se rassemblent à nouveau sur les murs du monastère pour accueillir l'armée russe victorieuse, qui revenait après la conquête triomphante de Kazan.

Aujourd'hui, vous pouvez vous faire une idée de l'église de Notre-Dame de Vladimir (Церковь Владимирской Иконы Божией Матери), consacrée à cette icône, notamment, à partir de photographies publiées, datant des années 1870 à 1900.

À cette époque, elle représentait une petite église très élégante dans le style dit du Baroque Naryshka (un terme du début du 17-18 siècles), puisqu'elle fut construite au début du règne de Pierre Ier (1692-1694). Ce style unique très original s'inscrit dans les traditions de l'architecture russe ancienne, reconnu comme la première tentative d'architecture baroque importée en provenance d'Europe Occidentale, mais dont les signes particuliers sont parfois, juste d'infimes éléments incrustés isolés, souvent presque imperceptibles dans l'ensemble fini par des observateurs non-initiés.

Les architectures de cette époque se caractérisent par l'accentuation entre deux tons, aux motifs de pierre blanche sur fond de brique rouge, avec fenêtres polygonales ou elliptiques et des grands clochers pointus présentant des caractéristiques particulières reconnaissables, l'église jouxtait la tour Nikolskaïa du mur face à Kitaï Gorod la ville chinoise, avec les portes d'entrée situées dans l'axe de la rue Nikolskaïa, un peu au nord.

L'icône de Vladimir de la mère de Dieu est l'un des plus grands sanctuaires de Moscou, selon la légende, elle symbolise les tendres moments entre la Mère de Dieu, Joseph et Jésus enfant, dans les premières années du Christ.

La première chose qui frappe quand on l'observe attentivement, est sa préservation exceptionnelle, car réalisée au XII siècle, il y a près de 900 ans à Constantinople. D'après les chroniques, on sait qu'au début 1130, le métropolite grec Michael offre l'icône au patriarche de Tsaregrad, Luc Hrisover, qui l'envoya en cadeau au grand-duc Youry Vladimirovich Dolgoruky à Kiev, qui à son tour, la présenta au prince russe Mstislav (Мстиславу). L'icône était restée à Jérusalem jusqu'en 450, date à laquelle elle fut transférée à Constantinople sous l'empereur Théodose le Jeune, avant d'initier un long voyage qui la mènera vers la Sainte Russie.

L'icône a été placée dans la banlieue de Kiev dans un couvent situé dans le village grand-ducal de Vychgorod appartenant au fils de Dolgoruky, Andreï Youriovitch, qui séjournait à Kiev à ce moment-là, et s'efforçait de constituer ses propres possessions dans le pays de Souzdal.

Selon la légende, les prêtres de l'église de Vychgorod constatèrent que quelquefois, l'icône changeait de place, allant au milieu de l'église, comme suspendue dans les airs.

Combien de fois elle a été replacée puis, elle a de nouveau semblé flotter hors de la rangée d'icônes générale où elle avait son emplacement ? On ne sait pas exactement, mais cela se produisit souvent. Ce miracle répété poussa Andreï Youriévitch, contre la volonté de son père et sans son consentement, à se rendre dans le nord en 1158, en prenant l'icône miraculeuse avec lui.

À Vladimir, sur Klyazma, l'icône fut accueillie avec un grand respect par les habitants, Youriovitch poursuivit son chemin un peu plus loin mais n'ayant parcouru que quinze kilomètres depuis Vladimir, les chevaux de l'attelage portant l'icône à l'avant demeurèrent sabots enracinés sur place, les autres chevaux attelés au chariot se sont également comportés ainsi, refusant d'avancer davantage. Une grande importance était donnée dans ces siècles lointains, à comprendre et interpréter de tels signes venus d'en haut.

Le prince considéra cela tel un signe du ciel, l'icône ne voulait pas quitter les rivages de Klyazma et le lui faisait savoir. A grande hâte fut initiée la construction de la cathédrale dédiée à l'Icône à Vladimir, elle fut achevée en 1160 et consacrée en l'honneur de la Dormition de la Mère de Dieu. L'icône de la vierge fut déposée dans sa toute nouvelle demeure, elle s'appelle depuis, Vladimirskaya.

En 1925, le monastère Sretensky fut fermé, des morceaux de façade tombaient dans la cour, en partie endommagés lors de la destruction des coupoles, qui avaient ricoché en tombant au sol. Puis en 1928-1930, la plupart des bâtiments sont démantelés, notamment l'église de Marie d'Égypte des XIVe-XVIe siècles, et l'église de Saint-Nicolas du XVIe siècle. Seule la cathédrale de la réunion de l'icône de Notre-Dame de Vladimir avec une chapelle latérale de la Nativité de Jean le Précurseur, construite en 1679 par l'ordre de tsar Fyodor, demeura encore debout.

Miraculeusement, l'église de la réunion de l'icône de Notre-Dame de Vladimir était le seul bâtiment non démantelé aux alentours, bien qu'elle ne ressemblât plus du tout à un lieu religieux, tel que nous l'entendons.

Ses fresques uniques de 1707 survécurent grâce aux couches de peinture et de papier peint dont elles ont été recouvertes à l'époque soviétique, lorsque le bâtiment servait de dortoir. Les lieux étaient définitivement voués à l'athéisme, pourtant, Dieu en décida autrement.

L'icône se caractérise par le bras de l'enfant autour du cou maternel, le visage de la Vierge est empreint d'une grande compassion, c'est une icône dite miraculeuse du type Éléousa (tendresse miséricordieuse) soulignant l'amour maternel. Dans certaines représentations de la mère et l'enfant de type Éléousa, ils se tiennent par la main, se regardent tendrement les yeux dans les yeux, l'enfant caresse parfois le cou de sa mère, l'accent pictural fait ressurgir la tendresse maternelle.

Le talent de l'iconographe exprima ces sentiments dans le langage de la peinture avec une clarté et une sensibilité, incroyables, mais l'histoire n'a pas conservé le nom de ce peintre d'icônes grec. Certains experts de l'art ancien, s'estiment à supposer que le style de l'image présente des caractéristiques similaires à celles des magnifiques mosaïques du IVe siècle de la Basilique Sainte-Sophie à Constantinople dans l'époque de la plus grande prospérité de l'art byzantin.

Bientôt, l'icône Vladimirskaya devint célèbre car elle produisant des miracles à son contact et elle fit au cours des siècles plusieurs allers et retours entre Moscou et Vladimir, à tel point que son sanctuaire avait été transféré à de nombreuses reprises, de Moscou à Vladimir, et inversement, jusqu'en 1480, quand elle obtint une place permanente dans la cathédrale de l'Assomption du Kremlin de Moscou.

En 1918, avec la bénédiction du patriarche Tikhon, des restaurateurs ôtèrent le support, nettoyèrent l'icône et les beaux visages de la Mère de Dieu et du Christ enfant. C'est une représentation des plus tendres de la Vierge, s'accrochant à son fils et lui à elle, le fond est ocre clair, les champs sont ocre foncé, les inscriptions (IC XC. NO CA) sont rouges.

Dans l'Antiquité, il n'y avait pas de techniques spéciales de rafraichissement et de nettoyage, les peintres n'avaient aucune idée technique, de la restauration, et pourtant, les visages de la Vierge et de l'Enfant ont miraculeusement survécu, préservés dans leur forme originale. Toutefois, le reste de la peinture est une combinaison de couches colorées superposées de différentes époques, c'est-à-dire que de la peinture fraîche avait été appliquée sur les zones endommagées, ternies par le temps ou les incendies.

En examinant les strates de couches de peinture au microscope, les scientifiques déterminèrent les principales étapes de sa réalisation. Le fond doré s'estompait et fut recrée, après le terrible incendie à Moscou en 1547, mais les superpositions polychromes diffèrent de très peu.

La peinture sur la jambe du bébé avait bouilli, le foulard sur la tête de la Mère de Dieu était très sombre, mais les visages sacrés n'étaient aucunement altérés par le temps ou le feu, il n'y a pas d'explication scientifique à ce phénomène.

Une découverte radiographique incroyable fut faite par les restaurateurs, l'icône de Vladimir est bilatérale, c'est-à-dire qu'elle fut peinte des deux côtés. À l'arrière, figurait jadis, le trône avec les instruments de la passion du Christ. Les experts établirent que cette peinture remonte au début du XVe siècle. Aussi les scientifiques poussèrent plus loin, et toujours à l'aide de la radiographie, découvrirent l'image d'un saint de la période du XIIᵉ au XIVᵉ siècle. Des marques microscopiques désignent le contour de la figure précédente. Indubitablement, au verso, figurait probablement le portrait iconographique de Saint Nicolas de Myre le faiseur de Merveilles (Святитель Николай Мирликийский, Николай Угодник).

Depuis l'Antiquité, Nicolas le Travailleur Merveilleux est considéré comme le saint patron des voyageurs et, surtout, des marins. Alors qu'il était encore très jeune, Saint-Nicolas alla étudier à Alexandrie. Pendant le voyage à bord du navire, il y eut un tragique accident, un des marins est mort en tombant du mât. Saint-Nicolas pria le Seigneur pour lui, et, à la stupéfaction générale de tous les présents, Dieu accomplit un miracle, il ressuscita l'infortuné matelot.

On ne sait pas pourquoi les anciens maîtres ne se sont pas contentés de remettre à jour Saint Nicolas, mais ont récré une toute autre icône au verso. Selon les experts, il est possible que le revers de l'icône gravement endommagé pour une raison quelconque, vit intégralement disparaitre l'image originelle. Sans doute totalement effacée et inexploitable, dégradée au cours des siècles, elle fut simplement oubliée.

Cela s'est probablement passé en 1238 lors de la capture de Vladimir par l'armée de Khan Batu, dirigeant mongol et fondateur de la Horde d'Or. Les habitants se sont réfugiés derrière les murs de pierre de la Cathédrale de l'Assomption.

Les envahisseurs ont assiégé la cathédrale avec des broussailles et ont mis le feu à l'intérieur, les personnes moururent asphyxiées par la fumée puis carbonisées dans l'incendie. La chronique rapporte que les Mongols ont arraché l'icône de Vladimir du mur et l'ont probablement jetée dans le feu, ce qui a détruit la peinture au verso. Ensuite 200 ans plus tard, à Moscou, les peintres ont recréé une nouvelle icône sur le verso de la pièce en bois en l'occurrence :

« Le symbole de l'Eucharistie ».

En 2012, le restaurateur d'art Vladimir Sukhoperkov, inspecta l'icône Vladimirskaya à l'aide d'un protocole de radiographie couche par couche. Cela permettait de regarder à l'intérieur, mais, plus important encore, il était possible de décomposer les images obtenues sur les faces avant et arrière. Il était prévu que cette méthode permette de détecter des traces de peintures antérieures illustrant le côté revers de l'icône remontant au 15ème siècle.

Mais la radiographie a extrait quelque chose de complètement différent, sur le revers, il y avait des traces de clous qui, autrefois, fixaient une plaque métallique sans doute en argent massif qui suivait avec précision les contours d'un ovale, comme un visage de saint inconnu, selon les dires de Dmitry Sukhoverkov. C'est après la restauration du XVIIIe siècle que l'icône a acquis son apparence actuelle, auparavant, elle était soumise à de nombreuses couches de renouvellement, le diagnostic de 1918 fut réitéré.

La plus récente ayant eu lieu avant le couronnement de Nicolas II en 1894. Le restaurateur moderne, Anisimov, réussit à atteindre la toute première couche byzantine du début du XIIe siècle, au moyen d'outils de scannage modernes.

De cette époque, seuls les visages de l'enfant et de la mère de Dieu ont survécu, et ce n'est qu'aujourd'hui que la technologie moderne permet de voir ce qui n'a pas été préservé, mais qui y figurait originellement.

Cela ressemblait beaucoup à un visage d'homme avec un Omophorion, cette large et longue bande d'étoffe de soie, brodée et ornée de croix, que les patriarches et les métropolites portent autour du cou depuis les premiers siècles, ce sont des détails des vêtements des saints, ou d'évêques.

Sur la base de cette hypothèse de travail, après avoir analysé tel ou tel détail, les restaurateurs se sont accordés à proposer, qu'il s'agissait de l'image d'un prélat. Mais les chercheurs sont incapables de dire précisément, à qui le visage sous des couches de peinture effacée du revers de l'icône de Vladimir appartient.

Plusieurs hypothèses demeurent, mais la principale porte sur Saint-Nicolas le faiseur de merveilles, les experts scientifiques disent que ce n'est qu'une supposition, selon les dires de Tatiana Gorodkova, la principale conservatrice du musée de la galerie d'État Tretyakov, dans une interview pour Elena Yakovleva (Елена Яковлева) de la Gazette Russe (Российская Газета). Elle précise que l'icône de la mère de Dieu Vladimir a toujours participé à des événements importants de l'État Russe et demeure considérée comme l'une des plus vénérées dans toute la Russie.

Lorsqu'en 1480, l'icône fut transférée dans la cathédrale de l'Assomption au Kremlin sur la partie gauche des grandes portes de l'iconostase, le peintre Andrei Roublev réalisa une réplique exacte qui demeura à Vladimir. Elena Yakovleva nous rappelle que le 8 septembre 1999, l'icône miraculeuse fut transférée de la galerie Tretyakov à l'église Saint-Nicolas de Tolmachy, reliée au musée par un petit couloir.

Elle figurait au patrimoine des expositions du musée, depuis qu'en 1918, la cathédrale de l'Assomption au Kremlin avait été fermée, puis pillée, et l'icône miraculeuse transférée à la galerie d'État Tretyakov, pendant que les bolchéviques démontaient son support métallique, un Oklad en or massif qui recouvrait l'icône et décoré de pierres précieuses, ces dernières furent vendues à l'étranger et l'or fondu.

La duplication iconographique permettait la diffusion d'exactes répliques faites main à l'identique, avec une maitrise du geste si précise, qu'en ce qui concerne celle de Notre Dame de Kazan, la réplique retrouvée au Portugal fut longtemps considérée comme l'originale et vénérée comme telle par le pape au Vatican avant qu'il ne la restitue à la Russie.

La nouvelle cathédrale du monastère Sretensky d'aujourd'hui est un miracle (Собор в Сретенском Монастыре), elle a été transférée à l'autorité du monastère Pskovo-Petchorsky en 1994, mais il s'agit aujourd'hui d'un établissement monastique séparé, dirigé par Monseigneur Tikhon (Shevkunov) en tant que représentant du patriarche.

Selon Elena Yakovleva (Елена Яковлева) du journal Rossiskaya Gazeta (Российская Газета) :

« Plus que nulle part ailleurs la Russie spirituelle a perdu des millions de vies dans un chaos destructeur inégalé depuis des siècles, tant de personnes innocentes ont disparu dans un bouleversement qui semblait ne jamais trouver de fin, pourtant de ces cendres du passé, la spiritualité profonde du peuple décide de se souvenir, de reconstruire son église moderne là même où le sang de martyrs innocents fut versé au nom de l'idéologie politique et de l'athéisme », fin de citation.

Ces lieux où les martyrs ont perdu leur vie au XX° siècle, sont devenus saints, tels qu'en leur temps, ceux des martyrs du christianisme, sous la Rome antique, la cathédrale Sretensky leur est consacrée, s'éloignant du lien originel entre la vierge Vladimirskaya et le monastère de la rencontre Sretensky.

Beaucoup de petites gens viennent ici, la foi du peuple en ressort renforcée. Ces croyants anonymes des petites classes populaires, dont la vie est faite de dévotion, prières et travail, sans grand changement autre que celui de l'espoir et de la spiritualité, tendant à rendre meilleur ce monde, ont retrouvé le désir d'exprimer aujourd'hui cette foi au grand jour. Il s'agit d'un phénomène familial massif de toute une génération.

Le monastère masculin (Сретенский Мужской Монастырь) renferme bien des mystères autres que sa cathédrale, son histoire est très riche. En arrivant dans les jardins intra-muros, se trouve une dalle commémorative portant la sainte croix avec la représentation en métal doré d'une statue de la Très Sainte Patronne de Moscou, au pied de laquelle un parterre fleuri est quotidiennement entretenu.

Une église lui est entièrement consacrée avenue Nakhimovskiy numéro 6, Moscou 117638.

Des miracles ont accompagné Matrona avant même sa naissance, lorsque sa mère décida qu'après avoir accouché, elle abandonnerait l'enfant dans un orphelinat, un oiseau blanc aveugle au visage humain lui est venu en rêve. La femme pensa qu'il s'agissait d'un signe des cieux, et décida de ne pas donner son bébé à qui que ce soit.

La jeune fille est née sans yeux, de sa poitrine saillit une proéminence ressemblant à une croix, petite, elle ne fréquente pas les autres enfants à cause de sa cécité, elle prie les icônes, puis elle perd l'usage de ses jambes à l'âge de 17 ans. Une fois adulte elle participe à des pèlerinages avec ses amis, elle se rend dans les sanctuaires sacrés comme la Cathédrale Saint André de Kronstadt, où le père Jean la surnomme, le huitième pilier de la Russie.

Vivante, elle aida de nombreuses personnes par sa clairvoyance avisée et ses miraculeux dons de guérison.

Matrona a toujours accueilli les humbles venus chercher son aide, sa protection et leur guérison, leur prodiguant des conseils et réconfort. Il existe une légende célèbre à son sujet, Joseph Staline est venu la voir pour lui demander conseil, on ne sait pas ce qu'il se dit. D'aucuns prétendent qu'elle lui révéla la victoire de la Russie sur l'Allemagne, Staline était obsédé par les prédicteurs, les mages, les divinateurs, et il craignait beaucoup Matrona qu'il soupçonnait de dons paranormaux et refusait de reconnaitre en elle la grâce divine.

Elle est morte en 1952, puis canonisée Sainte en 1999, aujourd'hui ses précieuses reliques sont conservées au monastère de la Protection de la Mère de Dieu à Moscou.

Désormais, son tombeau, attire chaque jour une foule de pèlerins si immense, qu'elle en devient incroyable. C'est une scène quotidienne, le week-end ils sont des milliers sur le lieu où repose l'une des saintes les plus vénérées en Russie. La file d'attente devant son tombeau est même plus longue que celle devant la Laure-trinité-Saint-Serge, à Sergueiv Possad, devant les reliques de Saint Serge de Radonèse, la figure majeure de l'orthodoxie russe, ce qui donne une idée de sa grande popularité de Matrona.

Les saints vivant en Russie en 1917 étaient conscients que l'histoire de la Russie traversait des évènements historiques à caractère apocalyptique, mais savaient qu'aucune doctrine politique ne pouvait enlever la part du Divin dans l'âme des hommes, même si la période des évènements passés présents et futurs nous semble longue à notre échelle de vie personnelles et à l'histoire des XX° et XXI° siècles.

Fondé en 1397 le Monastère Sretensky, survécut miraculeusement à la destruction au XX° siècle, mais le NKVD se servit de certains bâtiments comme hôtel pour ses officiers, l'aménagement intérieur s'en trouva grandement modifié.

De 1927 à 1930, la plupart des bâtiments furent détruits pour permettre l'extension du boulevard Rozhdestvensky et du terre-plein d'espaces verts qui sépare les deux voies face au monastère, situé à angle droit entre le boulevard et la rue Loubyanka.

Tragiquement, les structures qui demeurèrent debout, servirent malheureusement de lieux d'interrogatoire et de torture, pour les prêtres, et lieu de leur exécution. Désormais, les moines qui résident en ce lieu lui ont voué une autre destination, celle de la vie et de la propagation de la foi, porteuse de l'espérance Divine, qui surmonte les obstacles.

La consécration de la nouvelle Cathédrale de la Résurrection du Christ et des nouveaux martyrs et confesseurs de l'Église russe dans le célèbre monastère de Sretensky est devenue l'événement clé du centenaire de la révolution et, peut-être, du siècle lui-même.

L'émergence d'une nouvelle cathédrale a démontré que la construction d'églises modernes est en train de devenir une un signe de libre créativité très à la mode dans tout le pays, les architectures modernes diffèrent radicalement du passé.

Il semble que ce soit un mouvement artistique voué très libre, doté d'une architecture novatrice avec des matériaux modernes, c'est une fracture extraordinaire par rapport aux anciens codes structurels byzantins qui furent longtemps utilisés et reproduits à l'identique.

Malgré tout un rappel architectural byzantin est conservé dans des églises et chapelles inférieures dans des touches légères, des voutes et des piliers, afin de conserver une continuité. Pour le monastère Sretensky, cette cathédrale était essentielle à tous égards, car l'arrivée constante de nouveaux pèlerins et paroissiens impliquait un édifice très spacieux, pour ne pas être saturé par l'affluence dès son ouverture, tant l'âme humaine du 21°siècle est affamée par la foi, le nombre de visiteurs des lieux de culte est croissant.

Le pouvoir de la foi, change fondamentalement la personne, la fortifie, l'expérience émotionnelle, détermine notre capacité à surmonter événement futur qu'il soit positif ou difficile, la fréquentation de l'église permet cela.

Quand la pensée, prière, l'invocation à une icône est sincère, une émotion apparaît, et lorsque nous commençons à ressentir l'émotion d'un événement d'une bénédiction que l'on attend pour notre vie ou notre santé, avant même qu'il ne cela ne se produise, l'événement est déjà devenu par la conviction en soi, une réalité qui peut aboutir, un Miracle de Dieu.

Ce qui est extraordinaire, c'est que nous sommes ici au centre historique même de la ville et il n'y a pratiquement pas de logements d'habitation, mais des bureaux, sociétés, magasins. Les résidents de la grande banlieue rentrent le soir chez eux, les rues se vident, la circulation est presque nulle à partir de 21h00. Très fréquenté le jour, le centre-ville est d'une quiétude incroyable le soir venu. Pourtant, l'actuel monastère Sretesky, n'est pas désert pour autant, il est un des plus fréquentés, et le plus peuplé de Moscou, avec 50 moines et 250 étudiants séminaristes permanents, qui tous avaient adhéré au projet de fonder une cathédrale et de la dédier aux nouveaux martyrs. L'idée naquit, pratiquement depuis le début de la renaissance monastique moderne en ce lieu.

A l'angle de Bolchaïa Loubyanka, et du Boulevard Rozhdestvensky, face au cinéma Loft, malheureusement, un lieu d'emprisonnement, de souffrance et martyre de nombreuses personnes fidèles à Dieu, des chrétiens orthodoxes, des hiérarques, des prêtres et les laïcs, quelques moines sans le sou, veulent édifier une église qui deviendra une cathédrale, tel un rêve inespéré devenu réalité.

Construire une église, glorifiant leur loyauté, courage, beauté spirituelle et héroïsme, concrétisait une évidence. Prier pour toutes ces personnes, était la tâche spirituelle la plus importante qui s'imposait aux générations actuelles, en un lieu de grand passage à deux pas du kremlin.

Le Boulevard Rozhdestvensky est le premier des boulevards circulaires, il enjambe le lit tourmenté de la rivière Neglinka, et fut baptisé du nom de l'ancien couvent Rozhdestvensky, situé au coin du boulevard et de la rue Rozhdestvenka. Il fut fondé par la belle-fille du prince Ivan Kalita, la comtesse Maria dans les années 1380.

Elle était la fière mère de Vladimir le Courageux, héros de la bataille de Koulikovo en 1380, de nombreuses femmes, épouses ou leurs veuves ont également contribué à la construction de ce couvent exclusivement féminin.

La plupart des anciens bâtiments n'ont pas été préservés à cause des nombreux incendies, mais certaines églises ont survécu, dont la cathédrale de la Nativité de la Mère de Dieu, érigée de 1501 à 1505. Au 19ème siècle, une dame fit don d'une somme d'argent permettant à l'architecte Kozlovsky d'ajouter un clocher à l'ensemble architectural. Au début du 20ème siècle, Fedor Schechter lui-même a été impliqué dans des travaux de sa consolidation.

Lorsque les communistes sont arrivés au pouvoir, ils ont fermé le couvent de Rozhdestvensky en 1922 pour y organiser des appartements collectifs, un bureau de police et un club de policiers, cela le sauva de la destruction, avant que 70 ans plus tard, il ne soit restitué à l'église orthodoxe en 1992.

En venant à pied par le sud, on aboutit sur le boulevard Rozhdestvensky, il circule sur deux voies en sens unique d'ouest vers l'est, tournant à gauche depuis Bolshaya Lubyanka, passant devant le magasin Producty, l'on parvient au portail vert et aux façades couleur crème de Sretensky.

Puis continuant sur le même trottoir, on arrive au couvent voisin, celui de Rozhdestvensky, de la Nativité de Theotokos, l'un des plus anciens couvents de Moscou sur la rive gauche de la rivière Neglinnaya.

Il fut déplacé à son emplacement actuel en 1484 sous le règne d'Ivan III, auparavant il se trouvait au Kremlin où il fut édifié en 1386. Les icônes de ce couvent de moniales furent transférées dans l'église Saint-Nicolas de Zvonari, mais elle fut fermée à son tour par les communistes, aussi les icônes furent déplacées, rejoignant l'église Saint-Serge de Pushkari, puis ensuite l'église de l'Épiphanie à Pereyaslavskaya Sloboda.

Dans les spécifications techniques du concours architectural lancé en 2011, la future église du monastère Sretensky, était censée être brillante, joyeuse, source de vie et de renaissance, sa façade se dévoila d'un blanc de pureté.

Parmi les projets soumis, il y en avait environ cinquante, finalement le projet de l'atelier de Dmitry Smirnov (Дмитрий Смирнов), et Yuri Kuper (Юрий Купер) fut retenu. Mais tous les autres plans architecturaux étaient tout aussi méritants et dignes d'intérêt, beaucoup de talents se firent connaitre.

Selon l'archimandrite Tikhon pour Pravoslavie.ru, le projet incarné par le jeune architecte Dmitry Smirnov à pleinement perçu de manière créative les images et les souhaits ecclésiastiques présentés, et les a transformés professionnellement en esquisses artistiques extraordinaires.

Elles durent être retravaillés plusieurs fois, jusqu'à ce que l'idée des architectes coïncide avec celle des moines, ils savaient ce qu'ils voulaient, leur vision intérieure et spirituelle était précise. En définitive, elle ne correspondit qu'avec très peu de ressemblance avec le projet original, tant la révision a été presque continue, tout au long de l'édification.

On peut donc dire pour les puristes, que le responsable du travail n'était pas un architecte professionnel, mais un artiste très talentueux et que les moines ont su lui faire comprendre leurs attentes au jour le jour.

Les projets et croquis sont passés entre les mains d'ingénieurs, qui ont apporté leurs propres modifications de conception, afin que tout cadre avec les normes d'un édifice résolument moderne.

La construction dura trois ans et trois mois, si l'on compte la préparation du projet, environ 5 ans. Les prémices furent précédés de fouilles archéologiques, car le site remonte au moyen âge, tout comme le centre de la capitale tout autour.

Puis des architectes, iconographes, peintres de fresques et nombreux autres maîtres ont constitué une communauté remarquable, enrichissant continuellement son esprit et sa créativité architecturale. Le collectif surmonta les problématiques d'acheminement des matériaux en centre-ville.

La combinaison de ces différents corps de métiers, aboutit semble-t-il, à une harmonie unique, toute particulière, un concept entièrement nouveau qui n'a été appliqué nulle part ailleurs auparavant. Comme disent les moines et les salariés forgerons, ferronniers, tailleurs de pierre, artistes peintres du projet :

« Travaillez avec votre âme et votre conscience, et tout ira bien (Работайте с душой и совестью, и всё будет хорошо) », fin de citation.

Les cinquante peintres d'icônes, les artistes de fresques et créateurs de l'apparence architecturale, ainsi que les deux spécialistes de réalisation de visages d'icônes, et le remarquable artisan, responsable de l'atelier Kavida, Youri Kireev, s'avéra être un collectif peu commun, mais qui concorda à la perfection d'excellence opérationnelle.

Leurs idéaux esthétiques étaient dans la même veine que l'art religieux russe et byzantin perpétué depuis des siècles, mais s'en différenciaient dans une architecture repensée dans les attentes du 21° siècle.

L'atelier Kavida travaille sur des réalisations allant de croix et de moulages d'icônes, jusqu'à la participation à la création et à la restauration d'intérieurs d'églises et monastères dans différents pays : en Russie et au Moyen-Orient, en France, Allemagne, Italie, Espagne, Pologne, Grande-Bretagne.

Au cours de 2012 à 2013, Kavida participa à des projets tels que la décoration du centre de pèlerinage russe sur le Jourdain et du centre culturel orthodoxe de Jéricho (2012), la fabrication d'objets d'intérieur et d'ustensiles pour l'église Sainte-Marie-Madeleine de Madrid (Espagne), et à la restauration de la cathédrale navale Saint-Nicolas de Kronstadt (Морской Никольский Собор) consacrée le 28 mai 2013. C'est une fonderie d'art qui exerce depuis 29 ans (en 2013) et chaque maitre artiste y réalise son propre style de travail personnel.

Cette cathédrale fut fermée au culte en 1929, désacralisée après l'avoir au préalable, pillée. Elle abrita par la suite successivement des entrepôts, et un cinéma portant le nom de l'écrivain Gorki, une salle de concert puis en dernier, une succursale du Musée de la Marine.

Les travaux de restauration ont été lancés en 1995, on peut dire qu'entre 1932 et les années 2000, la cathédrale fut entièrement utilisée pour des usages non-religieux et son intérieur sérieusement modifié. Elle ne ressemblait plus à la cathédrale majestueusement belle, de la flotte à Kronstadt bâtie en 1913 pour bénir et protéger la marine militaire russe quelle avait été, visible depuis la haute mer, tel un phare.

La hauteur de l'édifice est de 70 m, son architecture rappelle celle de la basilique Sainte Sophie à Constantinople. Le revêtement en dalles de granit, les ornements en terre cuite, les frises en majolique, les mosaïques sont splendides, elle peut accueillir jusqu'à cinq-mille fidèles, et par beau temps elle est visible depuis le lointain Saint Pétersbourg.

Grâce à la reconnaissance du travail réalisé à Kronstadt, la société Kavida, empreinte d'une réputation internationale, remporta l'appel d'offres du chantier de Sretensky.

A ce stade d'avancement, il y avait longtemps été discuté par les moines, d'un autre problème esthétique, un détail mais non le moindre, la question de la couleur verte frappante de la toiture, tandis qu'au fond de l'église supérieure les peintres de la grande fresque, Mikhail Leonov et Darya Shabalina, parachevaient le stade des croquis préliminaires.

Finalement, malgré le fait que de nombreux moines étaient sceptiques, la décision fut tranchée sur ce coloris vert, c'est la couleur de la joie, du printemps, de la nouvelle vie. D'ailleurs les toits verts sont fréquents sur les églises provinciales de petites villes de province comme à Tcherepovets aussi, une ville que j'ai très bien connue, avec les toits de sa cathédrale Voskresenskiy Sobor.

Dmitry Smirnov (Димитрий Смирнов), qui était auparavant l'artiste principal des expositions historiques interactives Russie Mon Histoire (Россия Моя История), a donné l'opportunité de projeter des croquis réalisés par les artistes peintres Michael et Darya sur les murs d'une église récemment recouverte de plâtre dans une projection informatique géante, avec toutes les nuances de couleurs, et la disposition des personnages grandeur nature, afin de se donner une idée préalable et d'en extraire une mouture finale adaptée à des fresques extraordinaires.

Les fresques des nouveaux martyrs représentées dans l'église supérieure constituent un sujet d'excursion permanent, celles de l'église inférieure, plus mystiques, ont pour thème, Dieu et l'homme, le sermon sur la montagne et la dernière Cène, les conversations du Seigneur Jésus-Christ avec ses disciples et le mariage à Cana en Galilée, la conversation avec Nicodème. Les guides ne manqueront pas de vous expliquer le sens de ces conversations, ce que Dieu attend de l'homme. Il y aura une histoire sur la création du monde, comme le confesse la Sainte Église, sur les paroles du Seigneur et de l'évangile.

Outre les ornements graphiques, beaucoup de choses inattendues avaient été pensées dans cette cathédrale, selon l'archimandrite Tikhon, en montant les marches, on peut observer des citations des prophètes sur le monde. Dès le début, le lieu saint a été conçu comme un endroit privilégié qui témoigne de la foi, où les croyants orthodoxes parleront de leurs croyances, connaitront les citations des anciens.

Dans les escaliers de l'église centrale, il y a des images de prophéties, celles déjà réalisées et celles qui ne sont pas encore devenues réalité.

Ce sont des prophéties de l'Ancien Testament sur la Nativité, les souffrances et la résurrection du Seigneur Jésus-Christ, sur l'avenir de notre monde, l'humanité. Certaines prophéties, par exemple, celle du Saint Prophète Daniel, se réalisa littéralement aux jours exacts qu'il avait prédit.

Des guides professionnels peu onéreux, conduisent les orthodoxes et tous ceux qui s'intéressent à l'église, et marquent un temps d'arrêt spécial lors des excursions dans les escaliers, ils sont extrêmement instructifs et intéressants.

Un autre secret des lieux, s'il en est un de plus, réside dans le fait que lorsque vous montez les marches de l'église, vous ressentez le contact avec la réalité Divine, c'est tout le mystère de la spiritualité, la communion de l'être humain avec le Divin intemporel avec un ressenti physique et spirituel.

Ce sentiment étonnant est difficile à décrire avec des mots, mais ce contact transcende l'âme, ce qui dépasse tout ce que la conscience humaine éprouve dans sa vie quotidienne. Et le miracle réside en ce contact, réussissant à rendre les gens meilleurs, transcendant notre perception, notre compréhension de soi et du monde, permettant à l'âme de se remplir de sentiments issus de la bénédiction Divine.

L'âme Orthodoxe Russe est généreuse, pure, tendre, elle donne une dimension infinie à et à la foi, sait inspirer ce qu'il y a de meilleur en nous.

Si les français parlent en permanence de ce qu'ils ont dans le cœur, les russes quant à-eux exposent les nuances de leur âme dans les relations, ce que l'âme éprouve au quotidien et son lien avec le Divin.

Comprendre le peuple russe, c'est aussi admettre que ce mot « âme » est indissociable d'eux, et de tous les chrétiens, les lieux saints comme les églises orthodoxes sont également empreints de ce ressenti à la fois physique et spirituel.

Les deux derniers étages de la cathédrale Sretensky abritent un auditorium d'activités éducatives destinées aux jeunes. Deux musées sont créés, portant sur les Nouveaux Martyrs pour le premier, et sur le Suaire de Turin pour le second, dont une reproduction est exposée à l'horizontale face aux grands fonts baptismaux dans le sol de l'église inférieure.

Ce qu'a réalisé le supérieur du monastère, Tikhon, fut à la fois alimenter l'âme humaine de spiritualité et réaliser une œuvre majeure, la Cathédrale de la Résurrection du Christ et des nouveaux Martyrs modernes. Cet acte n'avait jamais été tenté par le passé. Son livre, un véritable succès de librairie réédité à des millions d'exemplaires, témoigne de moments de la vie de personnes ordinaires et pieuses, ses frères moines, de saints hommes d'église dont la grandeur des actions quotidiennes, donnent une dimension extraordinaire à l'âme humaine. Le père Tikhon occupe d'importantes fonctions en tant que représentant culturel au sein du patriarcat de Moscou et du gouvernement russe et sera sans aucun doute le prochain Patriarche de l'Eglise Orthodoxe de Moscou dans les années à venir. Tikhon souhaita, que les fresques murales répondent au visiteur aux grandes questions existentielles qu'il se pose. Pourquoi Dieu a créé le monde, quelles ont été les étapes de cette création, pourquoi l'homme a-t-il été créé. Comment le mal est venu dans le monde et comment une personne peut résister à ce mal.

Dans l'église inférieure, un baptistère est aménagé avec une mosaïque unique, un lieu où les futurs chrétiens sont baptisés dans un symbolisme artistique spécifique au lieu, qui ajoute des significations supplémentaires à ce grand mystère. Toutes les œuvres d'art appliquées sont absolument nouvelles et uniques. Les éléments des lustres modernistes le sont sans aucun doute aussi, car ils sont gigantesques, mais loin d'égaler ceux majestueux de la Cathédrale de Kronstadt qui comportent en plus, une multitude de lanternes suspendues par des chainettes, tout autour du grand lustre circulaire dont le regard ne peut se soustraire. L'église inférieure de la nouvelle cathédrale, est dédiée à Saint Jean Baptiste et aux douze apôtres. En son centre, le baptistère est une fonte baptismale décorée de mosaïques uniques, inspirées des anciens temples byzantins, entièrement carrelé dans des tons bleus et turquoises. Au centre d'images saintes stylisées, quatre marches permettent de descendre dans le bassin divisé en trois parties, puis on peut ressortir de l'autre côté, et ouvrir le portillon de la rambarde dorée très ouvragée qui l'entoure entièrement.

Toujours à l'étage inférieur de la cathédrale, une crypte avec une chapelle latérale de la Résurrection du Christ a été aménagée, à l'image de l'église du Saint-Sépulcre y sont enterrés les reliques du martyr Hilarion la Trinité, un des principaux sanctuaires du monastère.

La cathédrale avec sa façade blanche immense à grandes arches, n'a pas seulement deux, mais quatre étages. Les personnes âgées ou handicapées ayant des difficultés à se mouvoir, il fut donc aménagé des ascenseurs spéciaux pour elles. Tout le bâtiment fut entièrement ventilé et climatisé, par la compagnie Mostotrest (ПАО Мостотрест), la plus grande entreprise constructrice de ponts en Russie depuis 1930 et accessoirement de climatisations. Tut fut pensé pour le confort et la circulation d'un grand nombre de personnes valides ou pas dans une modernité créative innovante, confortable.

Les sculpteurs moscovites Vitaly Shanov et son épouse Darya Uspenskaya travaillèrent aux portes de la cathédrale, affairés à la réalisation d'un grand bas-relief en bronze coulé, comportant des figures ornementales réalistes, de saints, d'anges et de textes. Ce design artistique audacieux, basé sur des traditions iconographiques, constitue une œuvre artistique exceptionnelle.

La superficie totale de la cathédrale offre six-mille mètres carrés de fresques multicolores peintes, réalisées par plus de cinquante artistes talentueux.

Cette cathédrale, dédiée à la fois à la Résurrection du Christ et aux nouveaux martyrs, personnifie la réconciliation, recouvrée, face aux horreurs du passé :

« Nous savons à quel point le monde civil est fragile, nous ne devrions jamais oublier la gravité des blessures causées par la scission, et notre devoir commun est donc de faire tout ce qui est en notre pouvoir pour préserver l'unité de la nation russe », déclara le chef de l'Etat à l'issue du service religieux au monastère de Sretensky.

Le site du monastère Sretensky est plus qu'un simple symbole, il est au cœur de la Russie médiévale chrétienne, souvenons-nous qu'alors Moscou était en concurrence avec la république de Novgorod (Новгородская Республика), alors un puissant État s'étendant de la mer Baltique à l'Oural entre 1136 et 1478. Novgorod était le berceau de la Russie au nord-ouest de Moscou, son emplacement privilégié lui permettait de commercer avec l'Europe de l'Ouest et la Scandinavie, en outre avec le déclin de Kiev. Novgorod fut la seule de toutes les villes russes à devenir une république indépendante régie par une assemblée populaire qui élisait ses fonctionnaires municipaux, alors que Moscou était régie par des codes féodaux très strictes, beaucoup moins démocratiques et très hiérarchisés.

Peut-on parler de réconciliation dans le souvenir des nouveaux martyrs et confesseurs du XXe siècle à la mémoire desquels l'église avait été construite, peut-être, mais en tout cas, c'est une fracture entre ce que cet endroit représente actuellement, et la raison historique pour laquelle le monastère vit le jour, l'icône Vladimirskaya et la Horde d'Or.

La décision de construire la cathédrale a été prise en mars 2011 lors d'une réunion du conseil d'administration monacal. La future église de la Résurrection du Christ atteindrait 61 mètres de hauteur et bénéficierait des technologies les plus modernes, de revêtements en pierre calcaire blanche provenant de Vladimir. Les anciennes cathédrales en pierre blanche de Vladimir, Souzdal et Moscou furent également construites à partir de ce matériau.

La Cathédrale des nouveaux martyrs, qui se trouve sur le boulevard Rozhdestvensky, est très intéressante en soi, car elle s'intègre dans le paysage urbain ultra moderne des immeubles avec des façades vitrées côtoyant des structures architecturales de différents styles anciens aux couleurs brique, blanc immaculé, ou beige crème. Cet endroit de la ville se veut résolument moderne, il est en constante transformation en raison de la rénovation indispensable de vieux immeubles, Moscou ne dort jamais et se restaure en permanence.

Dans ce quartier, vous marchez longtemps, entouré de verrières qui ont depuis longtemps remplacé les fenêtres.

Par-dessus ce spectacle urbain futuriste en cubes de verre, façades vitrées de grand format, apportent du style et de la lumière aux intérieurs de bureaux, reflétant les coupoles dorées de Sretensky tels d'immenses miroirs.

La cathédrale est de plein pied, une autre dominante inhabituelle. Depuis le bas de la place Trubnaya, elle est perçue de manière tout à fait unique, discrète et pas du tout dominante mais effacée dans l'environnement, seules les gigantesques coupoles d'or se voient de loin, un exemple de réussite.

Le boulevard Petrovsky rejoint le boulevard Rozhdestvensky sur la place Trubnaya, où au 17ème siècle, il y avait un puits profond par où jaillissait la rivière Neglinka, la place où se trouvait le trou du puits « truba » fut baptisée en son nom.

En 1840, le premier marché pour animaux de compagnie Ptichy Rynok, littéralement marché aux oiseaux apparu ici, chaque année, le jour de l'Annonciation, les gens libéraient les colombes et elles volaient en liberté dans le ciel.

Aujourd'hui, le haut monument urbain de 32,5 m dédié aux officiers des affaires intérieures, les agents de la force publique morts dans l'exercice de leurs fonctions, érigé en 1994 trône place Trubnaya. Ses auteurs sont le sculpteur A. A. Bichukov et l'architecte A. V. Klimochkin.

C'est une grande colonne de granit poli rouge, sur laquelle se dresse une statue de bronze de Saint-Georges, transperçant le serpent avec sa lance. À la base se trouve un socle en granit avec des bas-reliefs en bronze sur chacune de ses quatre faces. Il est semblable au célèbre pilier d'Alexandrie, sur la place du palais à Saint-Pétersbourg, face au Musée de l'Ermitage et au Palais de l'État-Major, à côté des célèbres Jardins du palais d'Hiver Zimnij Dvorets (Зимний Дворец).

Chaque année, le dix novembre, jour férié des employés du ministère de l'intérieur, des fleurs sont déposées à ses pieds. A partir de sa base nait la grande artère piétonne, a l'entrée d'un immense parc verdoyant, bordé d'arbres, partant vers le nord et le cercle de ceinture de la nouvelle ville, flanqué d'immeubles aux façades de verre modernes loués à de grandes enseignes occidentales, ou des officines d'affaires où l'insolite et célèbre Cirque Nikouline. La vision et les sentiments s'ouvrent et se développent, dans ce havre de tranquillité ce qui ne peut s'expliquer, un lieu de promenade très apprécié.

La crème des citadins travaille ici, elle est venue pour acquérir travailler dans la paix, que l'on peut difficilement trouver dans la métropole, la dernière goutte de patience, recouvre des forces dans ce quartier étonnamment verdoyant.

Le monastère Sretensky était au XV° siècle, bien plus au sud du centre-ville, à proximité de la place Rouge actuelle, dans le vieux quartier de Moscou nommé la Kitaï Gorod, où se situe le centre commercial de luxe Gostiny Dvor, qui accueille des défilés de mode. Mais le monastère fut déplacé à son emplacement actuel vers le nord, au début du XVIe siècle, probablement en raison de la construction des remparts de la ville chinoise Kitaï Gorod, tandis que des échoppes s'érigèrent sur ses fondations initiales au cours des siècles.

Il se situe maintenant au nord et à gauche de la rue Bolchaïa Loubianka, pour s'y rendre, l'autobus passe devant les anciens bureaux du siège du KGB sur la place Loubyanka.

La nouvelle église qui deviendra cathédrale, est à l'image que renvoie la silhouette de cette partie de la ville, très moderne, parce que le panorama depuis les boulevards Tverskoy, Rozhdestvensky Petrovsky, Sretensky, depuis la splendide place Trubnaya la Cathédrale Sretensky est magnifique, résolument actuelle d'apparence, on ne pouvait pas introduire un édifice religieux d'aspect classique ancien, qui aurait lourdement contrasté.

L'idée osée, d'une église de notre temps est un grand succès, s'est inscrite harmonieusement dans ce paysage urbain dont plus aucune trace du glorieux passé moyenâgeux n'existe. Le monastère a instinctivement donné son nom aux rues et ruelles adjacentes, à savoir la rue Sretenka, le boulevard Sretensky, la voie Sretensky, le passage Sretensky et la place Sretensky. C'est le secteur de Mechtchanski (Мещанский Район) un arrondissement du centre de Moscou, sous lequel coule la rivière souterraine Neglinnaïa dans un tunnel sous la rue Samotechnaïa, le boulevard Tverskoï et la rue Neglinnaïa.

Le nom du district vient de la colonie de Meshchanskaya, qui commença à prendre forme dans la banlieue nord de la ville au 16ème siècle, sous l'impulsion de l'émigration massive des Biélorusses.

Après la trêve d'Andrusovo, en 1667, de nombreux étrangers Biélorusses et travailleurs émigrés, originaires de peuples slaves, Polonais, Lituaniens, etc. ont commencé à affluer dans la capitale, ce quartier devint le leur.

En 1671, le territoire situé au nord de Moscou fut attribué spécialement aux immigrants derrière la porte Sretensky. C'est un quartier historique, avec beaucoup de vieilles maisons, musées, salles d'exposition et galeries, très cosmopolite, plusieurs langues et populations s'y côtoient.

Le boulevard Rozhdestvensky faisait partie du boulevard Sretensky, mais ils se scindent en deux, dorénavant le boulevard Sretensky est devenu le plus court de Moscou avec une longueur totale de seulement 214 mètres. Historiquement, ce secteur était mercantile au 17ème siècle. Sretenka s'enrichit d'échoppes marchandes, d'ateliers d'artisans, sorte de grand village d'où la population émigrée qui se trouvait là auparavant, fut peu à peu exclue. Le boulevard Tverskaya n'était plus le seul de la ville à ce moment-là, car la cité avait grandi, mais il demeurait considéré comme le plus important en raison de son âge et de son emplacement.

La rue Sretenka moderne ne mesure que 800 mètres de long, mais elle est littéralement striée par les ruelles latérales. Á gauche on en compte sept, et à droite neuf. Il y a aussi des voies qui ne mènent pas directement à Sretenka, mais sont à proximité immédiate, où il demeure encore une quantité considérable de bâtiments délabrés, souvent adjacents à des structures modernes récemment rénovées.

Les immeubles de ce secteur se concentrent le long des rues Sretenka, Trubnaya et Tsvetnoy, où se placent des cafés, restaurants et magasins, quelques rares hôtels.

Le Boulevard de ceinture (Бульварное Кольцо), est l'un des principaux axes de circulation du centre-ville de Moscou, qui suit le parcours de l'ancienne fortification démantelé de la ville blanche délimitant la cité du posad extérieur, le village de banlieue où s'agglutinaient les plus pauvres.

À la fin du XVIIIe siècle, la ville se développa, le mur perdit sa signification défensive et fut démantelé pour être remplacé par des boulevards : Gogol, Nikolsky, Tver, Strastnoy, Petrovski, Rozhdestvensky, Sretenski, Chistoproudniy, Pokrovsky, Yauzsky.

La longueur de ce premier boulevard périphérique est de plus de 9 km, il est similaire à un fer à cheval, dont les extrémités atteignent la rivière Moskva, c'est un exemple d'art paysager, un lieu de repos et de balade privilégié pour les Moscovites.

Le premier des boulevards, Tverskoy est apparu en 1796, mais l'anneau entier ne s'est développé qu'en 1820, au cours des reconstructions de Moscou après l'incendie huit ans auparavant en 1812. Ce boulevard était considéré comme le plus important en raison de son âge et de son emplacement, devenant cette artère passante que l'on connait aujourd'hui.

Au XXe siècle, la largeur de ce boulevard périphérique a été élargie, mais cela s'avéra immédiatement insuffisant.

Des zones autrefois pavées et flanquées d'arbres le long des boulevards Pokrovsky et Strastnoy, furent absorbées par la route asphalté. Régulièrement la tentation de raser de nouveaux arbres et des immeubles anciens, ressort sur le bureau des urbanistes de la mairie de Moscou. Dans les décennies à venir, il ne subsistera que très peu de vestiges de l'ancienne bourgade fortifiée de Moscou au XIIe siècle.

La ville contemporaine est saturée de voitures et ses grandes routes encombrées de véhicules, s'étirent dans une croissance radioconcentrique, par anneaux successifs au fil des siècles, on parle de boulevards de ceinture, ce sont les anneaux de Moscou Koltso (Кольцо).

Autour, toutes les ruelles allant au nord de la ville, suivent le schéma semi circulaire et offrent peu d'emplacements de parking le long des trottoirs.

Tout a commencé en 1777, lorsque Catherine la Grande décida de démolir les ruines de l'ancienne muraille de la forteresse de Moscou, la ville blanche, et de poser un de boulevard routier à sa place, selon les modèles occidentaux. Les postes de défense ont été supprimés à mesure que la ville grandissait et que la menace d'invasion diminuait avec les siècles. Lorsque les autorités démolirent les fortifications délabrées, les routes qui les contournaient au pied des palissades et des remparts sont restées, formant des anneaux autour du centre-ville.

Les fenêtres du Monastère Sretensky observent ce premier anneau de Moscou, un demi-cercle en fer à cheval bordé d'arbres.

L'ancienne ville horizontale s'efface peu à peu au rythme des destructions et reconstructions verticales, au grand profit de gabarits plus hauts, suivis par l'élargissement des voies de circulation, qui de toutes façons sont saturées avant même d'avoir été finies. Les voieries sont en chantier constant depuis des décennies, les ouvriers travaillent aussi de nuit.

La conservation du patrimoine n'est pas une préoccupation prioritaire, pour le Moscou moderne d'une surface de 1.060 km2, pour 10,5 millions habitants. Ville d'affaires assoiffée de bureaux, quand bien même si la cité intra-muros, est restée dans les limites de son périmètre de 1985, elle a été peu à peu dépassée par l'agglomération de la grande banlieue et de ses villes dortoirs desservies par le grand métro. Le flux de population qui va travailler puis s'en retourne ne s'arrête jamais.

Les anneaux de ceinture de Moscou s'expliquent, c'était autrefois des murs protégeant la ville. Au premier niveau de défense, figurait le Kremlin triangulaire, puis se dressaient les murs entourant Bely Gorod (la ville blanche), où vivait la noblesse, érigés en 1585-1593.

La ville s'est développée à mesure que l'État Russe devenait plus puissant, notamment au nord du Kremlin. Alors que de plus en plus de personnes vivaient au-delà des murs de la ville, aussi, un autre mur de défense fut construit, appelé Zemlyanoy Gorod (la ville souterraine) entre 1692 et 1695. Voici deux cents ans, au printemps 1819, les autorités de la ville commencèrent à équiper le périphérique du boulevard de Moscou pour qu'il redevienne une large voie de circulation.

Les derniers restes du mur de la forteresse ont été enlevés, le territoire mis en ordre, il ne restait plus qu'à planter des arbres, paver des chemins, installer des fontaines.

La rue Bolshaïa Loubyanka s'arrête à l'angle du Boulevard Sretensky à droite et du Boulevard Rozhdestrensky à gauche. Á partir du terre-plein, de l'autre côté, dans le prolongement de Bolshaïa Loubyanka vers le nord, face Musée de la Police de Moscou, débute la rue Sretensky, elle est l'une des rues les plus anciennes de Moscou.

Au fil des siècles, le nom de la rue n'a pas changé, contrairement à beaucoup, même à la plupart des rues de Moscou, on la retrouve souvent dans la littérature ancienne.

La rue Sretenka fait partie de la route sainte, sur laquelle des milliers de pèlerins se rendaient à pied à La Laure de la Trinité-Saint Serge jusqu'au début du XVIIIe siècle. Lorsque la capitale fut déplacée à Saint-Pétersbourg, Sretenka devint une rue principale de Moscou, reliant la capitale à la Sibérie et aux terres du nord-est de la Russie.

La rue Sretensky (Улица Сретенка) se trouve dans le quartier de Meshchansky, c'était une rue principale du Moscou jusqu'au 18ème siècle, elle cumule de nombreuses facettes car, au cours de son histoire, elle fut à la fois la route des pèlerins, le quartier chaud des maisons closes et le Montmartre de Moscou. Anton Tchekhov, étudiant en médecine, vécut non loin, sur la rue Grachevka à la fin des années 1870, et au début des années 1880. C'est là que débuta son travail littéraire au sujet de la vié glauque et désabusée du monde moscovite en perdition. Un secteur longtemps décrit dans les ouvrages de A.P. Tchekhov, A.I. Kuprin, V. A. Gilyarovsky et d'autres.

Au XIXe et au début du XXe siècle, Grachevka (l'actuelle rue Trubnaya) et ses ruelles adjacentes, partant de part et d'autre en arêtes de poisson, étaient notoires en raison du fait que des moscovites ruinés, appauvris et en état d'ébriété y déambulaient. Le taux de criminalité était très élevé et un grand nombre de maisons closes s'y étaient ouvertes. Sur cent immeubles, quatre-vingt-dix-sept renfermaient des bordels. Si Sretenka garde le souvenir du lieu de rencontre des habitants de la ville avec l'icône Vladimir de la Mère de Dieu, cette étrange rue perpendiculaire, devint glauque, avec ses maisons de tolérance, ses artisans respectables et minuscules ateliers d'artisanat, ses maisons modèles et ses théâtres nocturnes.

Certains habitants étaient des moines ou des étudiants qui n'osaient pas sortir le soir venu, perdus parmi toute une population de délinquants très dangereuse. Ils avaient besoin de se loger dans des chambres à bon marché, le quartier le permettait. En plein centre-ville c'était une aubaine, mais le soir les rues changeaient, avec une fréquentation douteuse, où la police ne faisait pas forcément la loi.

L'auberge Krym occupait l'ensemble d'un bâtiment de trois étages avec quatre sous-sols et une annexe en bois. La maison de M. Selivanov surplombant Drachevka (Grachevka), la place Trubnaya et le boulevard Tsvetnoy, les loyers étaient particulièrement bas.

Au sous-sol deux tavernes mal famées destinées aux gens du peuple, avaient pignon sur rue L'une donnait sur Drachevka avec une sortie par la cour, et l'autre, disposait de quatre salons et de quatorze chambrettes séparées, occupées par des prostituées, disposant de cinq sorties d'urgence. Trois d'entre elles donnant sur la rue et deux sur la cour, avec un escalier délabré menant à la latrine dans la cour extérieure, où la pègre détroussait le chaland alcoolisé.

La lumière pénétrait dans ces pièces par huit fenêtres à travers lesquelles étaient insérés de petits tubes en étain, totalement insuffisants pour la ventilation. Une humidité permanente suintait partout, en particulier dans les angles, bien que les murs soient recouverts de plâtre et peints, ils moisissaient.

Les appartements, des immeubles n°83, 84 et 85, appartenaient à des vendeurs de sommeil, faisant face aux fenêtres de la rue Drachevka, étaient en très mauvais état, humides et dégageant une odeur putride, ils furent loués aux locataires qui prennent des abris bon marché, payables pour une nuit ou d'avantage, sans trop poser de questions. Les premier, deuxième, et troisième étages, appartenant à l'hôtel Krym, disposaient d'eau potable et chambres réservées mensuellement ou temporairement pour des visites amoureuses Dans un état satisfaisant du point de vue hygiénique, exception faite de la ventilation et des studios meublés sur le dernier étage, loués au mois dont l'état était médiocre, pour ne pas en dire davantage. C'est étonnant mais le centre-ville de Moscou est demeuré jusque dans les années 1990-2000 dans un état immobilier pitoyable en ce qui concerne de nombreux logement privés ou collectifs, l'entretien avait du mal à être à niveau de qualité.

Il faut tenir compte du fait que les locaux du sous-sol, baignaient dans la terre gorgée d'eau, il y avait de l'humidité été comme hiver, avec une stagnation de l'air nauséabonde. Un éclairage insuffisant et l'accumulation d'une masse énorme de personnes, la plupart du temps malades et ivres, rendait l'air était vicié à un point tel, qu'il contribuait au développement de diverses maladies comme la tuberculose.

Le rez-de-chaussée, lieu de rassemblement pour les personnes ivres, servait aux femmes dépravées qui s'y rassemblent tels des appâts pour hommes inexpérimentés. Le temps d'une passe tarifée dans l'ivresse, les ouvriers y laissaient les modestes copeks gagnés avec un dur labeur.

Les bagarres étaient foison, diverses transactions douteuses finissaient en règlement de comptes entre arnaqueurs. Les vols étaient également commis dans ces établissements de luxure et de boisson malgré les tentatives de surveillance de la police. Malheureusement, de vastes locaux, avec de nombreuses sorties, et le grand nombre de personnes présentes, rendait impossible une surveillance policière appropriée dans ce XVIII° siècle.

L'une des maisons les plus intéressantes du Moscou de cette période, est située au 6, Boulevard Sretensky, connue pour abriter la compagnie d'assurances Rossiya, un bâtiment vraiment très beau, l'un des meilleurs exemples architecturaux du début du XXe siècle, très richement décoré avec du stuc et des statues sur le toit.

Pendant la Grande Guerre patriotique de 1941-1945, beaucoup de statues qui l'enjolivaient, ont été perdues, aujourd'hui elles ne sont plus là, de même que les dômes à flèches qui ornaient autrefois ce riche édifice. En passant, il est intéressant de noter que pendant le bombardement de Moscou, malgré le fait que des obus soient tombés ici, l'immeuble survécu intact, seules les statues ont souffert, c'est l'un des mystères associés à cette maison, mais pas le seul.

En 1896, ce terrain, était le point culminant du boulevard Sretensky, acheté à un prix spéculatif très élevé à la mairie de Moscou par la compagnie d'assurance Russie.

Á cet endroit, un grand immeuble fut construit, il n'avait pas d'analogues à Moscou, et peut-être dans toute la Russie à l'époque. Selon le grand architecte français Le Corbusier, cette maison est entrée dans l'histoire de la capitale, comme la plus belle demeure de Moscou prérévolutionnaire.

Sous la maison, plusieurs centaines de mètres de sous-sols et certaines pièces souterraines, sont maintenant remblayées, certaines appartiennent à une boîte de nuit. Il est de légende notoire que c'était sous cet édifice qu'il y avait un passage souterrain à travers lequel, on pouvait aller au Kremlin et au boulevard Pokrovsky pendant les temps de la révolution.

Ces passages secrets, et leurs sorties de secours sont aujourd'hui murés, exception faite toutefois, d'un étrange corridor reliant cet endroit au bâtiment des bureaux du KGB, aujourd'hui le FSB, encore fonctionnel de nos jours.

Pour son époque, au début du XXe siècle, cet immeuble fut construit avec les dernières technologies, doté de sa propre centrale électrique autonome au sous-sol, 8 chaudières de chauffage, son propre puits artésien d'une profondeur de 55 mètres. Et, en fait, les habitants étaient complètement indépendants de l'alimentation en eau de la ville et il existait un système de ventilation autonome, qui sera transformé ultérieurement en une climatisation fonctionnelle.

Cependant, le souvenir de cette maison n'a pas marqué l'histoire en raison de cette technologie novatrice au début du XXe siècle, mais car c'était aussi une maison vouée au culte du mysticisme, des pratiques occultes, de la magie, la divination et le spiritisme. E33n outre le fameux KGB disposait ici de bureaux sans que l'on sache à quoi pouvaient bien servir ces locaux aux intérêts des services spéciaux soviétiques.

Sans doute furent-ils autrefois très impliqués dans des questions mystiques, de manière obscure, tant on sait que Staline lui-même était obsédé par la magie et les sciences parallèles.

Tout a peut-être commencé avant même que le terrain, sur lequel la Maison Rossiya est apparue, soit acheté par une compagnie d'assurances dans les années 1980. Le chantier de l'immeuble de la compagnie d'assurance Russia était maudit, il y eut une quantité incroyable d'accidents. Les travailleurs étaient emmenés à l'hôpital presque tous les jours. C'est comme si un pouvoir impur avait délibérément nui et empêché les gens de mettre en œuvre les plans associés à cette construction en relation avec le surnaturel néfaste.

La commission d'urbanisme du Soviet suprême présidée par Monsieur Kaganovitch décida en 1935 de conserver le schéma urbain en arête de poisson. La rue Tverskaya fut renommée rue Gorki, mais le plus important, le réseau de parcs et la ceinture de verdure de l'anneau de ceinture fut préservée sans changement. Tverskaya fut élargie entre 1937 et 1939 par Mordvinov, sa largeur passa de 17 à 52 mètres et de nouveaux immeubles remplacèrent les anciens.

Hauts de huit étages avec les rez-de-chaussée réservés pour des commerces, quelques rares exceptions faites de peu d'immeubles conservés tels quels avec leurs colonnes, corniches et frontons de fenêtres dans un enjolivement de façade purement haussmannien de la belle époque.

Nous sommes bien loin des grandissimes tours gratte-ciels pyramidales, les sept sœurs, construites entre les deux guerres, destinées à devenir les appartements de hauts fonctionnaires du régime, du ministère de l'intérieur et des services secrets, d'officiers supérieurs privilégiés et bien vus, parfois les écrivains musiciens, artistes, compositeurs, acteurs appréciés et protégés par le gouvernement soviétique. Les appartements avec chauffage central et vue élevée étaient très recherchés et distribuées sélectivement au compte-gouttes.

Ces bâtiments d'un extérieur en escaliers, comportaient des marches en granite, colonnes de pierre colorée, portes vitrées transparentes épaisses, de hauts murs en marbre blanc de sept mètres de haut, renvoyaient la lumière de centaines de lampes et de lustres, sur le sol de dalles de granit rouge poli et lisse comme de la soie, brillaient comme le diamant.

Chaque pas des résidents reflétait leur silhouette sur les sols aux miroirs marbrés des Immeubles d'habitation sur la place Koudrinskaïa, et sur la berge Kotelnitcheskaïa.

Afin de symboliser les huit cents ans de la capitale (1147-1947), il en fut prévu huit, en 1955 seuls sept avaient vu le jour, dont l'Hôtel Leningrad, l'Hôtel Ukraine, le Bâtiment principal de l'Université d'État Lomonossov, le Ministère des Affaires étrangères, et la Tour du ministère soviétique de l'industrie.

Ce gratte-ciel de 176m et 22 étages (17 utilisables) a un usage résidentiel. La tour centrale se termine par une antenne et la façade est pleine de sculptures. Les appartements ont été conçus pour l'élite soviétique de l'époque et ont été achevés en 1954.

L'immeuble, de la place Koudrinskaïa, compte plus de 450 appartements et un supermarché. On l'appelle « la maison des aviateurs », car nombre de ses habitants travaillaient dans l'aviation ou comme pilotes. Ses appartements les plus spacieux appartenaient au KGB et à ses appareils d'écoute reliés aux câbles électriques souterrains, destinés à espionner l'ambassade des États-Unis à deux pas sur Bolshoy Deviatinsky Pereulok.

MARTYRES MODERNES

La souffrance vécue, inspire la construction des églises russes modernes du 21ème siècle dans beaucoup de villes et villages. Dans la capitale de Moscou, environ un millier de personnes ont participé à la construction de l'église Sretensky, tous étaient convaincus de la nécessité d'un tel édifice, avec une ambition intime d'un profond ressenti spirituel commun.

Les historiens attribuent ces paroles de la fin du IIe siècle, à l'apologète chrétien Tertullien : « Le sang des martyrs est la semence du christianisme », fin de citation.

Le XXe siècle répandit abondamment ces semences sur la terre russe, qui en recevra la grâce au centuple !

Le Monastère Ressuscité sur les lieux des Martyrs Modernes de la Chrétienté Orthodoxe, est un projet totalement indépendant de celui de la reconstruction de deux-cents nouvelles églises à Moscou sur une durée de 20 ans, qui avait récolté 3,5 milliards de roubles en 2015, pour rebâtir les mille églises détruites à Moscou par les communistes. L'Église orthodoxe russe est ressortie traumatisée de l'époque soviétique, après plus de soixante-dix ans de persécutions. Pendant cette période, de nombreux édifices religieux furent détruits ou transformés en bâtiments administratifs. Selon les chiffres avancés par le clergé, seulement 23.000 églises démolies ou abandonnées sous l'Union Soviétique sont reconstruites au cours 2013 à 2015 dans tout le pays sur les 60000 existantes avant la prise du pouvoir par les soviétiques. La Russie a changé, elle s'est trouvée dans une harmonie spirituelle collective renaissante, il ne pouvait en être autrement. Tout ce qui indiscutablement et effroyablement s'est produit à crée comme une voie interne qui vous apaise qui exprime la créativité, le renouveau, la reconstruction collective au sens large, dans l'envie de revivre librement ensemble.

Comme l'évêque Tikhon de Yegoryevsk (Shevkunov) supérieur du monastère le raconte à sa façon :

« Ce qui s'est passé dans le pays, et ici en particulier, l'émergence d'une nouvelle église dans le monastère de Sretensky, a montré que la construction d'églises modernes était en train de devenir une création libre en Russie. Il semble que ce soit une innovation artistique courageuse et libre, par des architectures extrêmement variées, ne suivant pas les codes extérieurs ancestraux, une revitalisation artistique et religieuse à la fois », fin de citation.

Plus que nulle part ailleurs la Russie spirituelle perdit des millions de vies dans un chaos destructeur inégalé, tant de personnes innocentes disparurent dans un bouleversement qui semblait ne jamais trouver de fin. Pourtant de ces cendres du passé, la spiritualité profonde du peuple décide de se souvenir, de reconstruire son église moderne, là même où le sang de martyrs innocents fut versé au nom de l'idéologie politique de l'exploitation de l'homme au travail.

Ces lieux sont devenus saints tels qu'en son temps ceux des martyrs du christianisme, sous la Rome antique, la comparaison n'est pas trop forte, si l'on prend en compte les centaines de milliers de personnes décédées en Russie au XX° siècle. La foi du peuple en est ressortie renforcée, ces croyants anonymes des petites classes populaires dont la vie est faite de dévotion, prières et travail, sans grand changement autre que celui de l'espoir et de la spiritualité, tendent à rendre meilleur ce monde. Parmi les sanctuaires du monastère figurent les reliques du martyr Hilarion, l'évêque, et bras droit du patriarche Tikhon, qui écrivit des livres importants sur la signification de l'Église, Hilarion fut souvent arrêté et emprisonné puis expédié dans les camps Goulags, notamment le célèbre Slon « Solovki » (Соловéцкие Острова), sur les rives de la mer Blanche à l'intérieur d'un ancien couvent datant de 1429, entouré de murs massifs (hauts de 8 à 11 m, épais de 4 à 6 m), percés de 7 portes et renforcés de 8 tours bâties entre 1584 et 1594 par l'architecte Trifon.

Les compagnons de captivité qui le côtoyèrent à Solovki disaient de lui :

« C'était un jeune homme enjoué, instruit, un excellent prédicateur d'église, un orateur et un chanteur remarquable, un polémiste brillant avec les athés, toujours naturel, sincère, ouvert partout où il se présentait, attirait chacun vers lui, il appréciait l'amour universel ».

Une fois, à la veille de Pâques, par un concours de circonstances miraculeuses, le seigneur sauva de la mort le commissaire militaire Politruk (officier politique) Sukhov, qui s'était effondré, l'agent de sécurité de l'OGPU (KGB) accourut à lui et se signa trois fois menaçant quiconque qu'il ne parle à personne de son signe de croix, sous peine de représailles.

L'archevêque Hilarion (Vladimir Alexeyevich Troitsky) naquit le 13 septembre 1886 dans la famille d'un prêtre du village de Lipitsa, du district de Kashira, province de Tula. Le 30 mai 1913, il fut nommé inspecteur de l'Académie théologique de Moscou, puis en décembre 1913, l'archimandrite Hilarion fut confirmé comme professeur d'écriture sainte dans les textes du Nouveau Testament.

L'archevêque Hilarion de Verey, théologien remarquable et extrêmement talentueux, devint l'une des personnalités les plus éminentes de l'église orthodoxe russe des années 1920.

Tout au long de sa vie, il vécut avec un grand amour pour l'Église du Christ jusqu'à sa mort martyrique. Son idéal était la pureté ecclésiastique pour les écoles et les études théologiques. Son rappel continu était le suivant :

« Il n'y a pas de salut en dehors de l'Église et il n'y a pas de sacrements en dehors de l'Église », fin de citation.

Il subira de terribles moments de torture et une souffrance indescriptible pour cet homme à l'âme si généreuse, bonne et altruiste, dans un camp goulag surnommé Slon.

Le soir du 22 juin 1923, Vladyka Hilarion consacra une veillée nocturne consacrée à la fête de l'icône de la Mère de Dieu de Vladimir au monastère de Sretensky, qui avait été repris par les rénovateurs. Vladyka, renvoya ces derniers, il s'agissait d'une branche religieuse parallèle, mise en place et dirigée par les soviets pour la substituer à l'orthodoxie officielle, diviser la religion et la détruire définitivement. Il consacra de nouveau la cathédrale et le monastère fut rendu à l'église orthodoxe véritable. Dès le lendemain, le patriarche Tikhon servit les offices dans le monastère toute la journée, jusqu'à 18h00. A la suite de quoi, le patriarche Tikhon nomma l'archevêque Hilarion supérieur du monastère de Sretensky.

Le métropolite Antonin (Granovsky), dirigeant de l'église rénovatrice, écrivit des lettres calomnieuses dénonçant, avec une haine farouche le patriarche et l'archevêque Hilarion, les accusant sans ménagement de contre-révolutionnaires, exigeant leur arrestation immédiate.

Au milieu de l'été 1925, l'archevêque Hilarion fut envoyé à la prison de Yaroslavl, puis au printemps 1926, il fut incarcéré à Solovki, quand l'archevêque vit les conditions horribles du Goulag en arrivant sur place, il s'écria :

« Nous ne sortirons pas d'ici vivants », fin de citation.

Il est enterré aujourd'hui au cimetière du monastère Novodievitch. Dans les années 1990, la fille spirituelle de Vladyka Hilarion, Lyubov Timoreyevna Cheredova, est revenue au monastère Sretensky restauré. Dans les années vingt, elle s'exila volontairement avec lui dans les Goulags, puis elle pria Dieu toute sa vie pour voir son père spirituel canonisé :

« Je sais que je ne mourrai pas tant que je ne le saurai pas ! », a t'elle-dit à 102 ans de sa vie.

Elle quitta ce monde avec bonheur, le jour où la décision définitive a été prise de canoniser Hilarion en le déclarant Saint, selon les codes de reconnaissance du dogme orthodoxe.

Au sein de l'appareil répressif de la police russe, Yevgeny Alexandrovich Tuchkov était le plénipotentiaire pour les affaires religieuses de l'OGPU (précurseur du KGB). Il avait la responsabilité de détruire l'Église russe de toutes les manières possibles, y compris par le recours à des arrestations massives et l'exécution de membres du clergé, ainsi que maintenir parallèlement, un soutien ouvert à l'Église Vivante, une organisation réformiste contestable, qui tenta de supplanter l'Église Orthodoxe Russe en déformant les enseignements, traditions et pratiques orthodoxes chrétiennes, conformément aux idées libérales politiques bolchéviques incompatibles avec l'expression libre de la foi.

Yevgeny Aleksandrovich Tuchkov (Евгéний Алексáндрович Тучкóв), nait en en 1892 dans le village de Teliakovo, près de Souzda. Il prit le commandement du service anti-religieux de l'OGPU, le 6° département. C'était un assassin qui fit exécuter des dizaines de milliers de prêtres, nones, moines et de simples citoyens croyants sans aucune pitié, un bourreau sordide qui se faisait appeler, l'higoumène rouge. Le titre igoumène est porté par le supérieur d'un monastère orthodoxe, terme équivalent à celui d'abbé dans l'Église latine catholique. Tuchkov détruisit les lieux saints, vola les biens de l'église, envoya des innocents dans les Goulags et lorsque certains survécurent, il les fit replacer à nouveau en détention sous de faux chefs d'accusation.

De 1922 à 1929, Tuchkov dirigea le sixième département de l'OGPU, au cours de cette période, il mena fanatiquement, la campagne de persécution contre l'église comprenant des arrestations massives et exécutions de membres du clergé. Il a personnellement dirigé l'interrogatoire du patriarche Tikhon, le chef du clergé. Tuchkov est l'instigateur et le promoteur du mouvement religieux réformiste destructeur fidèle aux bolchéviques, la pseudo « Eglise Vivante » crée par le NKVD pour chercher à remplacer l'orthodoxie par une spiritualité servile à l'objectif révolutionnaire russe.

Beaucoup de témoins survivants, révélèrent le fait que les vagues d'assassinats de prêtres au camp Goulag Solovki, coïncidèrent toujours avec la venue inattendue d'un certain officier de sécurité nommé Evgueni Tuchkov, celui-ci se délectait des exécutions.

Malgré son zèle, en 1939, Tuchkov fut renvoyé du NKVD (ancêtre du KGB avant 1954), après quoi il débuta une carrière de conférencier pour la société Connaissance, il décéda début 1957 sans avoir jamais été poursuivi pour ses crimes.

Tuchkov manquait cruellement d'éducation, dans ses rapports, pour la Commission anti-religieuse, de nombreuses erreurs d'orthographe et de syntaxe figuraient dans les pages, il était la risée de ses subalternes. Pendant 10 ans, travailla de manière assidue, détruisant l'Église Russe, sans même prendre de vacances ni congés. Après la guerre, il acquit un terrain près de Moscou et construisit un chalet d'été (Datcha), pour travailler sur un projet de livre devant s'appeler :

« La révolution socialiste d'octobre et l'Église Orthodoxe Russe ».

Un cancer de l'estomac en phase terminale, suivi d'hémorragies et de métastases, interrompit ce projet littéraire. Au printemps de 1957, il fut hospitalisé à l'hôpital central du ministère de l'Intérieur, où les médecins diagnostiquèrent la tumeur inopérable, peu de temps avant sa mort, il fit appeler à l'hôpital, le patriarche de Moscou, Alexis I° (Simanski), afin de s'entretenir avec lui. Selon S. Bychkov, auteur de l'article sur le tchékiste higoumène rouge, pendant cette période de massacres des années vingt, Tuchkov s'est révélé être un organisateur compétent, nommé chef départemental de la Tcheka, s'avérant être un interprète particulièrement zélé et peu scrupuleux de la vie des autres. Sa femme était comme lui, Elena Alexandrovna Yakovleva, demeura une communiste anticléricale athée jusqu'à la fin de sa vie, elle ne renia en aucune manière toutes les actions de son époux, ni les excès du communisme qui dévora des millions de vies innocentes.

Tuchkov récoltait les honneurs au prix du sang, l'histoire a conservé deux cas de tentatives d'assassinat du patriarche Tikhon orchestrées par le tchékiste. Selon les médecins de l'hôpital Bakounine, aucun ne doute que le patriarche Tikhon a été empoisonné sur son ordre. Le chef de la sixième section du NKVD était déjà là, prêt à assister à l'agonie du patriarche, acte final du drame devant entériner la mise à mort de l'église orthodoxe toute entière, au nom du grand prolétariat socialiste.

La totalité des destructions d'églises furent faites avec une détermination si obsessionnelle, qu'il fut impossible de sauver un quelconque monument antique de l'histoire russe dans son intégralité. Cela fut particulièrement vrai à Moscou, la capitale de la nation prolétaire, dont le régime révolutionnaire portait en lui un élan destructeur puissant. Outre les millions de victimes humaines, sa fureur s'est aveuglément déchaînée contre les églises et les personnes qui servent Dieu. En 1917, on comptait en Russie environ soixante-mille églises et 117 millions d'orthodoxes répartis en 73 diocèses.

Selon les données de la Commission de réhabilitation des victimes de la répression de 1937, 136 900 prêtres orthodoxes furent arrêtés, dont 85 300 d'entre eux furent exécutés. Entre 1927 et 1940, le nombre d'églises orthodoxes en Russie passe à 29 584, sur les 60 000 églises en 1917.

En 1939, tous les monastères avaient été fermés exception faite de trois d'entre eux, alors qu'en 1917 ils étaient plus de mille. Au 1er janvier 1952, on comptait 13 786 églises, dont 120 n'étaient pas en activité puisqu'elles étaient utilisées comme grenier à et remplies de grain. En 1971, le nombre de paroisses se réduisit à 7274 églises avec 6234 prêtres et 618 diacres. Le nombre de personnes arrêtées, déportées, emprisonnées et ou exécutées pour des délits d'appartenance religieuse porte sur plus d'un quart de million de personnes, bien que l'on suppose qu'il soit supérieur, en raison des exécutions sommaires sauvages non comptabilisées.

HISTOIRE DU MONASTERE

En 1380, sous la conduite du Grand-Duc Dimitri Donskoï, les russes se soulevèrent dans un grand enthousiasme avec une prise de conscience identitaire nationale, ils ne seraient plus jamais les vassaux des Tatars et ils infligèrent une victoire mémorable sur la Horde d'Or conduite par le grand Khan Mamaï sur le champ de bataille de Koulikov. Historiquement on peut considérer cette victoire comme celle qui fut décisive et qui assit définitivement le pouvoir des grands ducs de Moscou sur la ville et le reste de la Russie. Il n'existe aucune bataille comparable, il s'agit d'une grande libération populaire majeure, si l'on excepte la bataille remportée par Saint Aleksandre Nevski contre les chevaliers teutoniques sur le lac gelé de Peïpus en 1260.

Le monastère grandit au cours des siècles, chaque construction venait rajouter aux anciennes structures existantes, de sorte qu'au début du XX° siècle, il comptait trois églises principales, ainsi qu'un certain nombre d'autels. Une d'entre-elles, l'église Saint-Nicolas, avait son autel latéral dédié à Saint-Dimitry de Rostov et un réfectoire attenant au mur d'enceinte, ouvert sur la rue Bolshaya Lubyanka.

L'église Saint-Nicolas démolie en 1928, avait été construite entre 1679 et 1688, grâce aux dons de Boyarina Prozorovskaya, à l'endroit où se trouvait l'ancienne église en bois dédiée à l'icône de la Mère de Dieu de Vladimir. Lors de la démolition de l'église, les travailleurs découvrirent les vestiges d'une ancienne coupole de type tambour, ainsi qu'une toiture, qui constituaient des fragments architecturaux de la fin du XVIe au début du XVIIe siècle, confirmant la datation des archéologues.

L'église fut assemblée sous une forme cubique, son autel, au lieu de faire face à l'est, selon la tradition, est tournée face au nord. C'est parce que l'icône de Vladimir provenait de cette direction en 1395, lorsque la ville se délivra de l'invasion de Tamerlan et de ses soldats.

Elle conserva son ancienne forme architecturale jusqu'au XXe siècle, avec ses arcs cruciformes. Elle fut reconstruite après l'incendie de 1737, et possédait également un autel latéral dédié à la Toussaint, construit à la fin du XVIIIe siècle, grâce aux dons du maire de Moscou, D.D. Meschaninov.

Une maison d'hôtes trônait depuis la cour avec une loggia éclairée de fenêtres rectangulaires à six carreaux, posées sur une boiserie massive, ouvragée sur sa base. Légèrement sur l'arrière s'élevait le Clocher du monastère Sretensky, dont le premier étage et ses arches, devant chacune desquelles était visible une cloche. Son toit était hexagonal supportait un pigeonnier haut coiffé abritant une pièce hexagonale coiffée d'un bulbe avec sa croix. Cette tour du clocher chevauchait le mur d'enceinte, donnant à la fois sur la cour et sur la rue. On pénétrait dans le monastère en passant sous elle, sous un grand porche constitué d'une arche centrale, flanquée de deux colonnades latérales.

À côté de l'église se trouvait ce grand clocher au-dessus des portes du monastère, construit dans les années 1670. Lors de l'incendie catastrophique de 1737 à Moscou, sa partie supérieure s'effondra et ne fut restaurée que vers 1740.

Il acquit sa notoriété en raison de ses magnifiques cloches, sélectionnées pour leur harmonie et élégante sonorité. P.F. Gedike, le frère du célèbre compositeur, déclara qu'au monastère Sretensky, où il sonnait lui-même, aucune ne pouvait être supprimée sans modifier considérablement le son harmonique de l'ensemble.

Lorsque le sonneur de cloches bien connu K.K. Saradjev jouait un air de sa composition dans les années 1920, la foule se rassemblait au coin de la rue pour regarder et écouter.

Cet attroupement disparaissait une fois la musique achevée, et tous reprenaient leur chemin comme si de rien n'était. Le temps s'interrompait pour un court instant tel une photographie exécutée par un praticien céleste.

Le destin des cloches du monastère est également intéressant, elles ne furent pas fondues, comme tant d'autres l'étaient en ces mauvais jours. Après la démolition du clocher, elles furent vendues en Angleterre. Comme le rapporte l'historien V.F. Kozlov, elles sont encore sonnées à Oxford. Selon certaines informations, une partie des cloches Sretensky aurait été cédée au prix de la ferraille dans les années 1920, un ingénieur américain nommé Thomas Whitmor les offrit à l'université de Harvard, où un clocher spécial a été aménagé pour elles, une société de sonneurs russes amateurs a été constituée pour les faire fonctionner.

Le monastère Sretensky fonctionna jusqu'en 1926, bien que de nombreux moines soient arrêtés par le nouveau régime, puis déportés ou exécutés. En 1922, les objets de valeur réquisitionnés par le gouvernement. Cela comprenait des croix d'autel, de précieux revêtements évangéliques et icônes, des reliquaires d'argent contenant des particules de reliques de Sainte Marie d'Égypte et de Saint Michel de Tver. Le destin de ces reliques miraculeuses demeure encore inconnu.

Après la fermeture du monastère, la cathédrale principale servit d'église paroissiale, puis transformée en club sportif régional, dans les années 1930, par la suite en dortoir pour officiers du NKVD (ancêtre du KGB). Ultérieurement, une prison avec des geôles, bureaux et salles de justice installées dans les parties communes, transformaient ce lieu saint, en un centre, d'emprisonnement, de jugement et d'exécution du KGB qui plaça un stand de tir dans la cour.

Le monastère était proche de seulement quatre cents mètres de la Loubyanka, le siège du KGB et à trois kilomètres de la prison de détention provisoire de Butyrka, où rarement les religieux parvenaient. La prison Butyrka remonte au 17ème siècle, à l'époque, une grande prison forteresse fut édifié sous le règne de Catherine la Grande, le bâtiment actuel a été construit cent ans plus tard en 1879 près de la porte de Butyrsk (Витутырская Застава), la forteresse d'origine n'existe plus.

Les tribunaux Troïka de l'OGPU puis du NKVD de Moscou imposaient systématiquement la détention préventive par mesure de précaution dans la prison de Butyrka déjà saturée, en définitive les personnes finissaient exécutées dans les sous-sols de la Loubyanka ou du monastère Sretensky, des camions emportaient les charniers le soir ou tôt le matin.

Au cours de cette terrible période, des exécutions se déroulent sur le territoire du monastère, des milliers de fidèles sont abattus, détrempant le sol avec le sang de martyrs. Plus tard, la cathédrale est devenue un garage, de 1958 à 1991, elle abritait encore un atelier de restauration et maintenance pour les véhicules du KGB, le sol d'église suintait d'essence et d'huile pour moteurs.

L'Eglise Sainte Marie d'Egypte disposait d'un seul bulbe, placé sur un support d'aspect carré, ce seul élément culminant sur son toit laissait supposer un usage ecclésiastique, elle avait tout d'une modeste maison provinciale telles que l'on rencontrait dans le pays durant ces années vingt, avant que les soviets ne le démolissent.

La vie de sainte Marie l'Égyptienne est un des plus remarquables exemples de conversion et de pénitence de toute l'histoire chrétienne. La mémoire de cette sainte est célébrée solennellement le cinquième dimanche du Grand Carême, ainsi que le 1er avril.

En 1926, le Moskomunkhoz (organisme municipal régissant l'utilisation des bâtiments) ordonne de raser l'église Saint-Nicolas avec tous ses autels latéraux, afin d'agrandir la rue Bolshaya Lubyanka.

En 1928, il fut décidé de faire tomber le clocher et casser le réfectoire. La démolition commence en juillet 1928, bientôt d'autres églises et structures du monastère Sretensky sont également détruites avec rage, ne conservant que peu de pièces, destinées à servir de bureaux, ou de très petites chambres.

À cette époque, la très ancienne église Sainte-Marie d'Égypte avait également été réduite en un tas de gravats, sans pour autant permettre l'agrandissement de la rue Bolshaya Loubyanka. Cette église, construite en 1385, figurait sur les registres du patrimoine national protégé, en tant que monument majeur de l'Antiquité, bien immatériel incommensurable, mais cela ne l'épargna pas.

Malgré tous les appels de la communauté paroissiale et des spécialistes de la restauration, elle a été démolie en 1930 avec une rapidité injustifiée. Les rapports rédigés à l'époque indiquent qu'elle a été démontée, brique par brique et ces dernières remises en circulation, à des fins de réutilisations municipales pour réparations de bâtiments.

Ces briques anciennes, imprégnées de siècles de prières monastiques pieuses, ont été recyclées, au mieux pour construire la nouvelle architecture réaliste soviétique qui commencerait à ravager la belle et ancienne ville de Moscou et, au pire, à ériger des murs pour canalisations publiques.

Fin des années 2000, les archéologues découvrirent les fondations des quatre anciennes églises rasées dans les années 1920-1930, l'Église de la présentation de Marie au Temple, l'Église de la descente du Saint-Esprit sur le boulevard Gogol, l'Église de Saint Nicolas à Sretenka et l'Église de la Transfiguration.

Elles furent construites aux XVI° et XVII° siècles, les restes de leurs soubassements sont exhumés lors de réalisations des voies de communications dans le cadre du programme de rénovation urbaine, du secteur de Bolshaya Loubianka au niveau de la place Vorovskogo, la rue Sretenka et le Boulevard Gogol. En outre, au cours d'excavations sur la rue Sretenka, près de l'immeuble n°26, des ouvriers réouvrent un puits, qui faisait partie d'un système d'alimentation en eau construit par décret de Catherine II, il s'agissait de la première source d'approvisionnement en eau potable de Moscou, destinée à un usage public gratuit.

Ce puits du milieu du XIXe siècle, d'un diamètre de deux mètres juste sous l'immeuble n°26 de la rue Sretenka, fait partie de l'immense canalisation d'eau allant vers Mytishchi à plusieurs kilomètres au nord-est.

C'est en 1779, que Catherine II ordonna la construction de ce premier réseau public d'approvisionnement en eau potable, mais qui ne fut en service qu'en 1804, 25 ans plus tard.

C'était une avancée technologique majeure, auparavant il était nécessaire de transporter de l'eau des puits jusqu'à des fontaines publiques, puis, les habitants la récupéraient ou demandaient de l'aide à des porteurs d'eau professionnels.

Parmi les pièces uniques archéologique découvertes à Sretenka, figure un pendentif finno-ougrien, tandis que dans le secteur de la place Loubyanka, un plomb pour la pêche et une pièce de monnaie polonaise.

Les experts estiment que cette suspension « bruyante » finno-ougrienne trouvée dans la tranchée constitue une découverte unique, un véritable succès archéologique.

C'est un bijou de femme en bronze d'une longueur d'environ quatre centimètres, et large de deux centimètres.

Son nom, bruissement, lui a été attribué en raison du son émis pendant son mouvement lorsque la dame le porte. Deux cloches sont attachées au bas de la suspension, quand elles s'entrechoquent, elles tintent telles des grelots ou sonnettes.

Cette découverte qui remonte aux X° et XII° siècles, est très intéressante, car les artefacts associés aux tribus finno-ougriennes dévoilent la présence de la colonie finnoise à Moscou au moyen âge. Ainsi, selon l'une des hypothèses historiques, les plus anciens habitants de Moscou seraient des Finno-Ougriens, selon l'archéologue Alexey Emelyanov. Ce qui n'exclue pas les versions concernant les Scythes indo-européens d'Eurasie, résidents bien plus anciens.

Une pièce de monnaie pliée en deux fut dénichée dans le secteur de la place Loubyanska, frappée en 1580 sous le règne de Stefen Báthory, prince de Transylvanie puis roi de Pologne, connu pour être l'un des plus sérieux opposants à Ivan le Terrible. Il s'agit d'une pièce de billon, alliage d'argent et de cuivre, contenant 50 % de cuivre, de 1,6 cm de diamètre. Cette monnaie polonaise fut très probablement apportée sur la place par des soldats ayant pris part à la guerre de Livonie (1558-1583), ou par quelqu'un qui a eu des contacts avec eux.

Dans le même secteur, les archéologues découvrent un fragment de 6,8 cm de long, 2,6 cm de large et 1,7 cm de haut, provenant d'une longe en pierre blanche portant une inscription nominative : Ivan Mikhailov. Ce dispositif de lestage, est utilisé pendant la pêche, évitait que le filet ne remonte du fond, la découverte date vraisemblablement du XVIIe siècle.

Sur le territoire de Vorovskiy, les archéologues extrayèrent une section des fondations en pierre blanche de l'église de la Présentation de la très sainte Theotokos au temple, les restes de la fondation sont datés de 1514 à 1519.

Sa construction fut dirigée par l'architecte italien Aleviz Friazin de Milan, connu pour ses réalisations au Kremlin. L'église est célèbre quand après le Temps des Troubles, l'icône de la Mère de Dieu de Kazan y fut placée, puis au 17ème siècle, l'église est restaurée, pour finir démolie trois cents ans plus tard, dans la première moitié du 20ème siècle.

Dans une tranchée près du monastère Sretensky, les archéologues placent hors sol les fondations de l'église Saint-Nicolas le faiseur de Miracles et un conduit d'eau voûté, large collecteur souterrain. Dans la partie sud de l'église, une maçonnerie entièrement préservée remonte au nord sur un effondrement de brique. Cela est dû au fait qu'ici le conduit fut utilisé comme évacuation pour drainer les excès d'eau, ravinant sérieusement les parois, conduisant à un éboulement.

Si le monastère Sretensky remonte à 1397, la date exacte de l'église de Saint-Nicolas le Travailleur faiseur de Miracles est inconnue. Les historiens suggèrent qu'elle a été édifiée au plus tard au XVIIe siècle. Selon des chiffres officiels, et aurait été démoli en 1927-1930, pour faciliter l'expansion du trafic automobile routier, un fléau ingérable.

Le hall de la station de métro Kropotkinskaya sur le boulevard Gogol suivit les fondations en sous-sol du mur qui était là jusqu'en 1933, celui de l'Église de Dukhovskoy. La première mention à son sujet remonte à 1493, le bâtiment principal en pierre construit en 1699, sera restauré de manière significative au début du XIXe siècle.

Près de l'immeuble n° 20 rue Sretenka, les ruines de la fondation de l'Église de la Transfiguration du Sauveur ressurgirent de l'oubli, ainsi que des pierres tombales blanches originaires d'une carrière de Pushkary. D'un point de vue purement historique, tout devrait être sauvegardé, toutefois, insuffisamment exploitables et mal placées sur la voierie du centre-ville, préserver toutes les fondations trouvées, les entourer d'un environnement stérile afin de les conserver en leur état d'origine, selon Alexey Emelyanov, chef du département du patrimoine culturel de la ville de Moscou, est une tâche difficile. Il a ajouté que ce sont des parties souterraines de structures qui n'ont jamais été conçues pour être à l'air libre :

« Les exposer est très difficile du point de vue technique, fin de citation.

Lors des fouilles dans les rues centrales de la cité, apparurent trois grilles en fer forgé activement utilisées à Moscou au tournant des XIXe et XXe siècles pour éclairer les sous-sols Ces grilles se plaçaient au niveau des trottoirs. Elles se trouvaient sous le revêtement de la rue Sadovaya-Karetnaya, dans le quartier Tverskoy, non loin du théâtre Bolchoï, l'inscription : Moscou Nikolskaya n°8, en relief sur le métal, permit de les relier historiquement à cette rue.

La seconde grille sortit de dessous l'asphalte, directement sur le site de son installation initiale sur la façade ouest d'un bâtiment du Passage Petrovsky et la rue Petrovka, au n°10. Une dernière sur Bolchaïa Loubyanka, près du bâtiment 13/16.

Ce ne sont pas les seules découvertes archéologiques sur Sretenka, faites tout au long des travaux préparatoires dans cette rue, des centaines d'objets, parfois précieux, ont été accumulés, comprenant notamment un trésor de pièces de cuivre, des pièces secrètes cachées dans le mur de Kitaï-Gorod et de l'argent dans une pièce d'échecs creuse de l'époque d'Ivan le Terrible.

Dans la rue Sretenka, une partie de l'ancienne nécropole du temps de Pierre Ier, découverte en mai 2017, avec des pierres tombales en pierre près de la fondation de l'église de la Transfiguration du Sauveur. Cela n'étonna nullement les archéologues, car la nécropole de l'église était connue à cet endroit depuis le 17ème siècle.

Une autre trouvaille archéologique majeure lors des travaux d'aménagement paysager de Sretenka porte sur la chaussée en bois, qui servait ici, selon des estimations approximatives, probablement au 18ème siècle.

Constitué de deux ou trois rangées de rondins mis hors terre sur une section de la rue adjacente au niveau des immeubles n° 4 et n°6, la chaussée en rondins de bois était recouverte de sable et nullement affectée par les ans. Dans l'immeuble n°8 un puits d'égout pluvial construit dans les années 80 au XXe siècle foré l'ancienne chaussée de part en part. Lors du pelletage du sol à Sretenka, une croix pectorale, un bouton en os, des morceaux de vases en céramique et des pièces de monnaie fabriquées à la main furent extraits, tous ces objets datent des XVIe et XVIIe siècles.

En 2016, lors de la reconstruction de la rue Tverskaya, près de l'immeuble n°16, des ouvriers remirent à jour les vestiges de la chaussée en bois des XVIe et XVIIe siècles. Au cours de l'excavation de la tranchée sous l'égout, les fragments de la chaussée étaient situés à une profondeur de 1,2 à 1,3 mètres de terre.

Il s'agissait d'un platelage de quatre étages de rondins longitudinaux superposés, avec des traces d'exposition au feu au 18ème siècle sur le plancher supérieur, ce qui pourrait correspondre à l'incendie de Moscou le 14 septembre 1812 sous l'invasion de l'armée Napoléonienne.

Une fois les fouilles archéologiques finalisées en novembre 2013, un organisme officiel chargé de superviser la construction sur les sites du patrimoine approuva la construction d'une immense église monastique aux coupoles vert et or dédiée aux nouveaux martyrs et confesseurs de l'église orthodoxe russe. Le bâtiment haut de 61 mètres fut achevé début 2017, juste à temps pour le 100e anniversaire de la Révolution d'Octobre.

Le président Vladimir Poutine, le patriarche Kirill de Moscou et le Mitropolite Tikhon (Georgiy Alexandrovich Shevkunov) consacrèrent la nouvelle église en mai 2017.

Le monastère Sretensky, avec sa nouvelle église, est un endroit où le sang a coulé, il y avait même un champ de tir à l'intérieur du monastère, la police secrète tant redoutée tirait sur des cibles humaines dans les années 1930 à 1940. Le monastère disparu sous les Soviétiques, servait de dortoir aux officiers, qui exécutèrent des milliers de personnes sur place.

L'adresse postale est le n°19 rue Loubyanka, un nom immédiatement reconnaissable par un russe en raison du siège de la police secrète au n°1 quelques centaines de mètres en contrebas vers le sud. La rue n'est pas très longue, et s'oriente presque verticale du nord vers le sud, proche de la Station de Métro Kuznetsky Most (Кузнецкий Мост).

Devant l'édifice surprenant, le regard est comme aspiré vers le haut, vers les cieux. La façade blanche est immense, épurée, effilée vers le ciel, aboutissant par de hautes arches superposées à deux niveaux.

Les escaliers latéraux de part et d'autre de la façade sont parfaitement symétriques. Très discret, en leur centre, sur le fronton, le visage du Christ se place sur la porte.

On ne peut que féliciter les autorités religieuses et civiques d'avoir érigé un mémorial sur les crimes de l'époque soviétique, au cœur du plus célèbre lieu de terreur de Moscou.

Le site a été transformé en camp de détention où des personnes persécutées par le régime soviétique ont été torturées, exécutées, les bâtiments religieux furent détruits et seule l'église de la réunion de l'icône de Notre-Dame de Vladimir demeura l'unique bâtiment non démantelé, après transformation en local collectif.

Ses fresques uniques de 1707, survécurent grâce aux couches de papiers peints qui les recouvraient à l'époque soviétique, lorsque le bâtiment était un dortoir et qu'à la hâte les services secrets soviétiques occultèrent murs grossièrement d'un papier imprimé inesthétique.

Ces locaux renaissent d'une seconde vie, le séminaire théologique Sretensky, l'un des principaux établissements d'enseignement supérieur orthodoxe à Moscou, fondé sur le territoire du monastère en 1999 s'y installe durablement. Il comporte un centre de formation ultramoderne pour le futur clergé de l'église orthodoxe russe.

La tradition rencontre la technologie dès le hall du séminaire, où la fresque panoramique : « Le Christ et ses disciples », est accompagnée d'un dispositif à écran tactile permettant aux visiteurs de cliquer sur une figure particulière pour en savoir davantage de façon interactive.

Pour les Moscovites, le mot Loubyanka est synonyme, prémonitoire de violence. L'agence de sécurité soviétique, le KGB s'installa curieusement devant la place Loubyanka, où au 18ème siècle, une cave secrète de torture fut aménagée par Catherine la Grande. Aujourd'hui le passage souterrain du métro sous le rond-point de la place où circulent les voitures passe juste au-dessus de cette geôle particulière, cet endroit présenta toujours un sinistre signe de prédestination.

Dans la rue Bolchaïa Loubyanka se trouvait aussi autrefois un gymnase pour garçons. Le 4 février 1905, le Grand-Duc Sergey Alexandrovich fut tué au Kremlin par l'explosion de son carrosse. Et les élèves de ce gymnase sont conduits au Kremlin pour aider à retrouver des morceaux du corps de duc éparpillés dans la rue et sur les murs des maisons.

Que dire du quartier de Kitaï-Gorod à l'Est de la place de la Loubyanka, où commence la rue du même nom. Il comptait une demi-douzaine d'églises de plus de 150 ans, mais ce précieux héritage architectural et spirituel, risque de disparaître, absorbé dans un tumulte irrévérencieux, tant les clubs festifs nocturnes et les bars, y prolifèrent. Ce secteur centré, recèle encore des chefs-d'œuvre architecturaux, comme la magnifique église de la Sainte-Trinité de Nikitniki, qui date de 1630, mais subit aussi, tout un étalage tapageur de vitrines marchandes, comme le Goum dans la galerie Gostiny Dvor (Гостиный Двор).

Devant la station de Métro Kitaï Gorod, une rue à six voies, la Novaya Ploshchad déverse des flots continus de véhicules, devant grandes enseignes étrangères de luxe avec pignon sur rue, on se croirait presque en Europe de l'Ouest. Remontant vers la place Loubyanka, on contourne l'édifice du KGB par l'arrière, face à l'entrée de son garage, nait la petite rue Malaya Loubyanka dans laquelle Église Catholique de Saint-Louis-des-Français de Moscou avec son fronton grec est visible sous les fenêtres des bureaux de la police politique. Elle aussi, survécut à l'époque soviétique sans trop que l'on sache pourquoi si proche du KGB elle ne fut pas détruite.

Fort peu de citoyens habitent encore à notre époque dans le périmètre du noyau historique, l'anneau central de Moscou, mis à part les touristes et personnes de passage, moins de huit à dix pour cent de la population résidente de la capitale y dort. Quant aux dix millions de citadins restants, ils vivent au-delà des anneaux des deux autoroutes circulaires qui desservent des zones densément peuplées et résidentielles mais où il n'y a rien, mise à part quelques surfaces alimentaires, viennent ensuite les villes de banlieue qui touchent Moscou éloignées parfois jusqu'à soixante kilomètres du centre-ville.

Nous pouvons affirmer que la nation russe, après sa conversion au Christianisme de sa population, fut une terre bénie par le Seigneur, et fit de cette région un Pays unique au monde. La Russie trouva son identité dans ses Monastères, ses églises, pendant de nombreux siècles la prospérité de la foi puisa ses puissantes racines dans l'âme de ses ancêtres. Naturellement dans le centre historique du vieux Moscou, la présence d'églises et cathédrales est partout, presque dans chaque rue. La foi chrétienne est accueillie en Russie de façon très intense, le Christ doit faire partie de chaque instant de la vie des croyants ne qui ne se contentent pas d'une Foi superficielle. Ainsi l'église du quartier constitue un point de référence pour le monde environnant. On la désigne aussi par la présence des icônes qu'elle renferme, généralement peintes sur un morceau de tilleul ou de pin. Les travailleurs du centre-ville disent, je travaille proche de telle ou telle église, comme pour de reformuler sa présence bienfaitrice au quotidien de sa vie professionnelle.

Il s'agit de personnes comme vous et moi, se comportent conformément à leurs intentions, dans une vie qu'elles ont choisi plus spirituelle, pour s'améliorer, apporter plus de paix et bonheur autour d'elles et de leurs proches. Les mêmes pensées reformulent toujours des choix similaires, les comportements identiques reproduisent les émotions et pensées, c'est pourquoi se remettre en question et changer en mieux est important pour soi, la religion permet cela.

Les croyants orthodoxes s'immergent dans l'émotion jusqu'à ce que le corps et l'esprit ressentent la foi dans la paix intérieure. Le patrimoine de l'individu vivant est contenu dans la profondeur de son âme, sa richesse intérieure, pas dans son portefeuille. Accepter le lien spirituel qui relie l'homme à Dieu, améliore sa conscience, le rend meilleur, positif, créatif, fortifié.

L'INFLUENCE DE SRETENSKY

Si Sretensky fascine encore plus les européens occidentaux, c'est en raison de la fréquentation assidue des lieux par le président de la Fédération de Russie. Pour comprendre la conversion orthodoxe de Vladimir Poutine, nous devons nous intéresser à son entourage spirituel, feu l'Archimandrite Ioann (1910-2006), bien sûr l'archimandrite Tikhon ainsi que le Patriarche Cyrille. Tikhon (Chevkounov), l'higoumène du monastère de la Sainte Rencontre à Moscou, consacre dans son livre Les saints, des hommes comme les autres, un long chapitre à la vie et à l'enseignement du père Ioann Krestiankine un des grands Starets de Russie.

C'est en 1982 que le jeune Tikhon a rejoint le starets au monastère de la laure des grottes de Pskov, Vladimir Poutine le rencontrera en 1999 et 2000 et le fréquentera ensuite assidûment, jusqu'à sa mort en 2006, Chevkounov se souvient :

« J'ai toujours été frappé par la manière dont le père Ioann parlait du temps qu'il avait dû passer en déportation. En 1950 il avait été dénoncé à la police politique par trois délateurs, le recteur de la paroisse à Moscou à laquelle était rattaché le père Ioann, le chef de chœur de cette paroisse ainsi que le protodiacre. Ils avaient écrit au MGB que le père Ioann réunit autour de lui des jeunes et qu'il leur déconseille d'adhérer au komsomol, de plus, il tient des discours antisoviétiques. Le père Ioann séjourna pendant près d'un an dans une cellule solitaire de la prison de la Loubyanka. Il fut soumis à de terribles tortures. Son interrogateur se moquait de lui en se présentant sous le même prénom et patronyme que le père Ioann. Quotidiennement le père Ioann priait pour lui. Cet individu lui brisa toutes les phalanges des deux mains », fin de citation.

Une confrontation fut organisée avec le recteur dénonciateur.

Le père Ioann savait parfaitement que ce prêtre était la cause de son arrestation et de ses souffrances, mais il fut tellement heureux de voir un prêtre avec lequel il avait concélébré la divine liturgie qu'il sauta à son cou pour l'embrasser. Le recteur, victime d'un malaise, s'écroula. Le père Ioann ne disait jamais de lui-même qu'il était un starets. Lorsqu'on le lui rappelait il s'exclamait :

« Mais quels starets sommes-nous ? Des petits vieillards avisés, dans le meilleur des cas », fin de citation.

Le père disait à propos de ses années de camp :

« C'est la meilleure période de ma vie, Dieu se tenait tout près. Je ne me souviens de rien de mauvais, je ne sais pas moi-même pourquoi. Je pense aux cieux entrouverts et aux anges qui y chantaient. Je ne sais plus prier comme je le faisais dans les camps », fin de citation.

Selon ce qu'écrit l'archimandrite Tikhon :

« Le père Ioann avait le don de connaître les intentions de Dieu à l'égard des hommes, nous n'avons pas perçu ce don d'emblée. Nous avions simplement le sentiment qu'il était un homme que les années avaient rendu sage. Nous croyons que l'on venait par milliers le voit de partout en Russie pour puiser à cette sagesse. Ce n'est que plus tard que nous nous rendîmes compte que les fidèles s'attendaient à bien plus qu'à de sages conseils », fin de citation.

Le 2 juillet 1958 nait à Moscou Georgy Aleksandrovich Shevkunov, aujourd'hui (2019), l'évêque Tikhon de Legorievsk, Vicaire du Patriarche de Moscou et de toute la Russie, contrôle le Vicariat ouest de la ville de Moscou. C'est aussi un écrivain d'église qui dirige le Monastère Sretensky, éditeur et rédacteur en chef du portail internet Pravoslavie.ru, producteur de films et documentaires diffusés à la télévision, directeur d'une maison d'édition d'ouvrages à caractère religieux. C'est un homme charismatique, débordant d'énergie et de créativité.

Le père Tikhon bénéficie d'une très grande influence dans les médias télévisés, la presse écrite et littéraire, ainsi que dans les hautes sphères du pouvoir de l'État grâce peut être, à ses liens avec le Kremlin. En 1982 il est diplômé de l'institut national de la cinématographie de Moscou, spécialisé dans le travail littéraire, il est également baptisé cette année-là, à l'âge de 24 ans. Peu après il devint novice au Monastère de Pskov-Pechersky, à cette époque il n'y avait que deux monastères masculins encore en activité. En 1991 après neuf ans de noviciat il prononce ses vœux monastiques sous le nom de Tikhon, l'Archimandrite Ioann (Архимандрит Иоанн), né Yvan Mixaïlovitch Krestiankin (Иван Михайлович Крестьянкин), devint son starets. L'Archimandrite et le père Tikhon sont les personnalités religieuses qui entre 1999 et 2000 vont ramener Vladimir Poutine à l'orthodoxie. Voici le contexte de l'époque, comme l'archimandrite Tikhon l'écrit dans son ouvrage à succès : « Père Rafaïl et autres saints de tous les jours », Ed. des Syrtes 2013, traduit du Russe par Maria-Luisa Bonaque :

« Nikita Khroutchev, secrétaire du comité central du PCUS de 1953 à 1964, avait alors besoin à tout prix d'une grande victoire. D'une victoire non moindre que celle de son prédécesseur dont il enviait douloureusement la gloire. Il avait décidé d'associer son futur triomphe au millénaire de l'Église Russe, et lui avait déclaré la guerre, promettant solennellement devant le monde entier qu'il montrerait bientôt à la télévision le dernier pope russe. Aussitôt, des milliers d'églises et de cathédrales furent dynamitées, fermées, transformées en entrepôts et stations de motoculture. La plupart des séminaires furent supprimés.

Presque toutes les communautés monastiques furent dissoutes et bon nombre de moines jetés en prison.

Il ne resta plus sur le territoire de la Russie que deux monastères, dont celui de la Trinité-Saint-Serge, qui fut conservé par les autorités comme réserve religieuse que l'on montrait aux étrangers », fin de citation.

Le jeune moine Tikhon cohabite au monastère de Pskovo-Petcherski, avec l'évêque Ioann de Pskov, résident dans le monastère pendant plus de 40 ans, Vladimir Poutine le rencontra à plusieurs reprises après la chute de l'Empire Soviétique Communiste fin des années 90 et début des années 2000, créant des liens spirituels qui perdurent encore.

En 1950, l'évêque Ioann avait été envoyé au goulag par le KGB pour propagande antisoviétique, mais il pardonna à ses tortionnaires, son âme était ainsi, et il sut éveiller la foi chez un ancien colonel du KGB, Vladimir Poutine. Tikhon fut aussi inspiré par le Père Alipi, supérieur du Monastère de Pskovo-Petcherski qui proclamait haut et fort à son propre sujet :

« Je suis un archimandrite soviétique ».

Selon Tikhon dans son livre de mémoires, quand une délégation de fonctionnaires, vint lui réclamer les clés des grottes monastiques, le père Alipi ordonna à son frère servant :

« Père Kornili, apporte-moi une hache, nous allons trancher des têtes » fin de citation.

Et les employés zélés du comité central du parti prirent la fuite. Vétéran décoré par l'armée rouge pour des faits de combat durant la seconde guerre mondiale, tout comme la moitié de la confrérie des moines dans ces années-là s'était vue décerner des décorations et était composée d'anciens combattants de la Grande Guerre patriotique.

Une Fraction de moines, importante elle aussi avait connu les camps staliniens. D'autres enfin avaient traversé les deux, la guerre et le Goulag, comme le raconte le père Tikhon, plein d'admiration et de respect. C'est auprès de ce monastère de vétérans de l'armée rouge, moines combattants, d'hommes de Dieu, que Vladimir Poutine trouva sa vocation. Beaucoup de moines avaient servi la patrie soviétique et désormais Dieu. Il reconnut lui-même avoir été baptisé dès son plus jeune âge, son retour à la foi était naturel, dans l'ordre des choses.

En août 1986 le père Tikhon travaillait au Conseil d'Edition du Patriarcat de Moscou, le 2 juillet 1991 dans le monastère Donskoï à Moscou, il est confirmé moine avec son nom actuel de Tikhon en l'honneur de Saint jean Tikhon le Patriarche de Moscou. Le 18 juillet de la même année il se fait ordonner hiérodiacre, puis le 18 août on l'élève au rang d'hiéromoine.

Le monastère des Grottes de Pskov, également dénommé monastère Pskovo-Petcherski, (Пско́во-Пече́рский Успе́нский Монасты́рь), se situe à Petchory, région de Pskov, à quelques kilomètres à peine de la frontière estonienne.

Le monastère des Grottes de Pskov demeure un des rares monastères russes à n'avoir jamais dû fermer ses portes, y compris durant la Seconde Guerre mondiale, pas plus que sous le régime soviétique. Fondé au milieu du XVe siècle, il est à l'époque un simple ermitage monastique, car les premiers résidents des lieux sont des ermites, ils s'installent dans des grottes modestement transformées en cellules monacales.

Le monastère se compose aujourd'hui de dix églises, dont la plus ancienne aux coupoles dorées, l'église de la Dormition, renferme les plus précieux trésors, comme l'icône miraculeuse de la Dormition de la Mère de Dieu (1521) et le reliquaire contenant le corps du Saint Martyr Corneille. Selon le service de presse du monastère :

« En 2013, le monastère a célébré le 540e anniversaire de sa fondation et de son œuvre de salut au sein de l'Eglise Orthodoxe russe. Les années passent, des États s'effondrent et d'autres naissent, mais le monastère reste le ferme rempart de l'Orthodoxie dans un monde en proie à la confusion », fin de citation.

Ce site monastique survécut cinq-cents ans, et traversa les persécutions françaises (Napoléon), germaniques (1941), polonaises, vikings, mongoles, baltes, ou soviétiques.

Il se dit aujourd'hui que la force spirituelle de ses moines combattants était si pure que la toute puissante Union Soviétique n'a pas réussi à faire fermer le monastère, malgré toutes ses tentatives durant plus de 75 ans. En 1993 Tikhon a été nommé recteur au monastère Sretensky Ulitsa Bolshaya Loubyanka, n°19, Moscou 107031, au bout de la rue qui se prolonge à la suite de l'emplacement de l'ancien siège du KGB place de la Loubyanka.

En 1999 il devient recteur de la nouvelle école supérieure orthodoxe, transformée en 2002, en séminaire théologique. En septembre 2003, il accompagne le chef de l'État Vladimir Poutine dans un voyage aux États Unis d'Amérique. Depuis le 5 mars 2010, il est également secrétaire exécutif du Conseil Patriarcal de la Culture.

Á partir du 31 mai 2010, il dirige la Commission pour l'interaction de l'église Orthodoxe Russe avec la communauté des Musées et depuis le 22 mars 2011, est membre du Conseil Suprême de l'Eglise Orthodoxe Russe.

Le 23 octobre 2015 par décision du Saint Synode il est élu vicaire du Diocèse de Moscou avec le titre Egorievsky, puis le 24 octobre, on le nomme archimandrite dans la cathédrale de Kazan.

Le 29 octobre 2015, par ordre du Patriarche Kirill il est nommé gouverneur du Vicariat occidental de Moscou. Selon les dires du rédacteur en chef de la station de radio L'Echo de Moscou, Aleksey Venediktov, en 2017, il a été publiquement affirmé selon des sources initiées que l'évêque Tikhon pourrait être bientôt nommé recteur de la Cathédrale saint Isaac puis métropolite de Saint Pétersbourg, devenant membre permanent du Saint Synode de l'Eglise Orthodoxe Russe, fonction qui ouvre la voie pour son élection éventuelle au siège de futur Patriarche de Moscou et de toute la Russie. C'est une évidence de plus en plus présente à l'esprit du haut clergé et des croyants, l'avenir devrait nous le confirmer. Des signes annonciateurs de cette possibilité sont très clairement visibles.

En 1995, l'archimandrite Tikhon prend ses fonctions de recteur du monastère de Sretensky, dans les anciens bâtiments du KGB qui emprisonna 300 000 prêtres, organisa de nombreuses exécutions de masse dans ces lieux qui recouvrent une autre destination.

C'est un homme de contact, orateur charismatique, conférencier, écrivain émérite, dont un de ses ouvrages s'est édité à plus de deux millions d'exemplaires en quatre ans, avant sa réédition à des millions d'exemplaires dans le monde jusqu'aux États Unis même.

Dans la période de 1998 à 2001, il transporta à plusieurs reprises en Tchétchénie en guerre, l'aide humanitaire offerte par la confrérie du monastère Sretensky. Homme engagé, il rejoint le 11 août 2015 le Conseil Consultatif d'Experts nouvellement formé en République de Crimée.

Selon des confidences parues dans un ouvrage de mémoires rédigé par le lieutenant Général du KGB, N.S. Leonov, Tikhon est le père spirituel de Vladimir Poutine, il se dit en sous-entendu à Moscou, qu'il est son confesseur, bien qu'aucun des deux ne l'ait publiquement reconnu.

Ceci permet de comprendre pourquoi les discours et orientations politiques du président Poutine reflètent les positions morales du Patriarcat Orthodoxe de Moscou, et il était indispensable d'en parler ainsi que du crédo orthodoxe, Les Bases de La Conception Sociale de l'Eglise Orthodoxe Russe[4], car dans tous les discours de Vladimir Poutine il y a une allusion ou référence permanente à ces dernières[5]. Ainsi qu'a plusieurs écrivains du XVIII° et XVIII° siècles, résolument engagés dans la foi orthodoxe.

---

[4] Les Fondements de La Conception Sociale de l'Eglise Orthodoxe Russe ISBN : 2-204-08567-7, Cerf, Centre d'études Istina, collection Documents des églises , (octobre 2007)

[5] http://orthodoxeurope.org/page/3/6.aspx

Le Kremlin ne nie pas que le père Tikhon est un, ou le confesseur du président Vladimir Poutine, selon Dimitry Peskov le porte-parole de la présidence :

« C'est strictement une question personnelle », fin de citation.

Mais il ne le confirme pas non plus. Nous savons que suite de la visite de Vladimir Poutine au Monastère en 1999, le président et Tikhon, sont souvent réapparus en public ensemble, les anciens membres du KGB et du FSB soutiennent que qu'il le convertit. Pour ma part je considère que c'est le père Ioann qui l'a converti et que le père Tikhon l'a aidé dans sa spiritualité par la suite. Le père Tikhon connait si bien la vie spirituelle du président Vladimir Poutine que lors d'une interview dans un journal grec il relate :

« Vladimir Vladimirovitch Poutine est vraiment un chrétien orthodoxe, et non seulement la valeur nominale, mais l'homme qui avoue, prend part et est conscient de sa responsabilité devant Dieu pour le ministère qui lui est confié et pour son âme immortelle. Ceux qui aiment vraiment la Russie lui souhaitent du bien, ne peuvent que prier pour Vladimir Vladimirocitch que la providence de Dieu a mis à la tête de la Russie », fin de citation.

L'Influence du Père Tikhon est grande, presque à lui seul il a fait adopter la loi anti-alcool en Russie. Désormais la vente de boissons alcoolisées est interdite après 23h00 jusqu'à 8h00 du matin, cela ne s'était jamais vu depuis les mille ans de l'histoire orthodoxe en Russie. Il n'y a pas d'ingérence du Patriarcat dans la conduite politique, toutefois, les religieux rencontrent les élus pour soutenir leurs points de vue moraux, beaucoup de citoyens jugent cette position comme une collusion, cela s'exprime dans les réseaux sociaux et dans la presse.

Mais chacun à librement le droit d'exposer son point de vue moral sur la société dans laquelle il veut vivre.

L'Église orthodoxe compte plus de quatre-vingt millions de fidèles, et représente une force dans le pays, sur laquelle, le gouvernement peut chercher à s'appuyer, car la parole de l'Eglise inspire encore confiance.

Le Patriarcat considère qu'il ne faut pas confondre séparation entre l'Eglise et l'État, pour réaliser une séparation entre l'Eglise et la société. En 1927, le métropolite Serge, fut obligé de faire une déclaration forcée de loyalisme au régime communiste, pour éviter que la plupart des religieux finissent au Goulag ou au cimetière. Dans l'histoire moderne, aucune communauté chrétienne n'a d'avantage souffert des abus de l'État politique, que l'Eglise orthodoxe en Russie au XX° siècle.

On imagine à tort que les croyants vont se contenter paisiblement sans opposer d'opposition, mais les sujets de scission critique existent, comme la loi sur l'avortement. Près de soixante-dix pour cent de la population russe, se déclare orthodoxe, même si le nombre de pratiquants réguliers n'excède pas 5 à 7%, selon divers sondages officiels.

Ce qui démontre contrairement aux affirmations des experts, que l'église orthodoxe trouve un soutien limité chez l'opinion publique si elle continue à ne pas utiliser son levier d'influence pour obliger le gouvernement à céder sur les volets sociaux controversés, l'âge de la retraite, le montant des pensions, la gratuité de la médecine pour tous, l'avortement.

Mais nous sommes dans l'affect spirituel, nul peut à ce jour dire comment les croyants réagiront.

En tout cas ce sera toujours plus épidermique que réfléchi. Selon une autre opinion différente, Alexeï Makarkine, directeur général adjoint du centre de technologies politiques. Spécialiste d'histoire contemporaine, et premier vice-président expert du Centre de Technologies Politiques, dit que Vladimir Poutine est avant tout destiné à un public intérieur. C'est-à-dire aux préoccupations du peuple au sein de sa nation, région, ou ville de Russie. Toutefois en Eurasie la Russie est influente.

Alexeï Makarkine avance :

« On peut considérer que la coopération entre l'Etat et l'Eglise est de type gagnant-gagnant…D'un point de vue matériel, l'Eglise dépend de l'État. Elle a à cœur de récupérer le patrimoine qui lui appartenait, une loi vient d'être votée en ce sens. Pour sa part, l'État voit dans l'Eglise orthodoxe une force qui le soutient », fin de citation.

« L'année dernière, le gouvernement a décidé d'affecter une subvention de 3 milliards de roubles par an (75 millions d'euros) à la restauration des églises orthodoxes. Cela pourrait susciter un sentiment d'injustice parmi les gens qui s'estiment socialement lésés », fin de citation.

La volonté de neutralité religieuse peut ne pas être évidente si les intérêts financiers sont étalés au grand jour, le train de vie des hauts dirigeants du clergé, leur condition confortable, et parfois fastueuse, est aussi décriée dans la presse à scandale Moscovite, avide de sensationnel.

La tendance du temps est à diluer du venin à petites doses dans l'esprit des personnes, nous savons tous que la démocratie n'est pas un long fleuve tranquille. En Russie aussi tout est sujet à débat, l'oligarchie, est déterminée à soutenir au pouvoir le système dominant tel quel, coûte que coûte, quitte aussi à ternir l'image de l'église jugée trop influente, elle se propage rapidement en province, car le progrès économique semble avoir du mal à se propager au-delà des capitales Moscou et St-Pétersbourg. Oligarques millionnaires et morale ne font pas forcément bon ménage, l'église n'est pas dupe de ces affairistes qui ont besoin d'elle. Mais attention, de nombreux hommes ayant fait fortune y compris des sociétés et entreprises privées, ont aussi apporté des dons substantiels au culte et permis de rouvrir des églises et des œuvres de bienfaisance dans tout le pays. Les financements des associations religieuses et du culte n'offrent aucun avantage aux donateurs si ce n'est, l'accroissement de leur notoriété ou l'affirmation d'un positionnement étique moral orthodoxe.

Une nouvelle cathédrale est aujourd'hui consacrée au monastère Sretensky, dédié aux nouveaux martyrs et confesseurs de Russie dont le sang fut versé, autant de vies innocentes fauchées, emportées sans pitié, il faut réconcilier avec la population avec son terrible passé.

Enregistrés en Russie auprès des autorités de l'État en tant qu'entités juridiques (loi du 26 septembre 1997), les monastères gèrent des comptes bancaires encaissant les dons, à condition d'exister depuis au moins quinze ans.

L'argent perçu lors de pèlerinages, ou lors des ventes de produits, nécessite l'emploi d'un directeur et d'un comptable. Dans le même temps, en raison de difficultés de déclaration et de taxation, de petits monastères sont officiellement sous tutelle d'autres de plus grande importance.

L'administration des affaires monastiques du Patriarcat est confiée à un ministère spécial, le Département Synodal des Monastères et du Monachisme. La vie monastique est régie par la charte de l'église orthodoxe russe dans sa nouvelle édition adoptée en janvier 2017. Après de longues discussions internes, elle devait être approuvée par chaque monastère auprès de l'évêque diocésain. Certains monastères vivent exclusivement grâce aux dons de parrainage que les pèlerins laissent dans des boîtes spéciales ou lorsqu'ils achètent des livres, bougies, icônes, divers produits du monastère, tartes, pain, miel, savon, cuits par les moines, tisanes. Cette activité économique d'auto-suffisance à partir du travail monacal diversifié par la qualité des produits naturels, est très recherchée.

Certains monastères ne vivent que sur leur propre ferme, il s'agit généralement de monastères de villages et de forêts. Toutefois cette subsistance économique monacale n'a pas atteint un stade de grande production, demeurant modeste en volume et en rentrées d'argent. Seuls les riches monastères vivent grâce aux dons de milliers de pèlerins qui les visitent.

Les grands monastères reçoivent l'aide des programmes provinciaux ou municipaux, les manifestations de masse telles que les processions religieuses, lorsque des centaines de personnes vont prier dans des sanctuaires vénérés, et laisser de l'argent pour le culte, fait vivre l'économie de la ville ou du village voisin.

Bien-sûr, des monastères vivent entièrement grâce aux dons de parrainage, vous pouvez souvent vous en rendre compte par exemple, en examinant les plaques de remerciement, qui sont, apposées sur les murs des églises restaurées. De très grands bienfaiteurs telle La Fondation Renaissance Saint Monastère Dormition dans la région de Tver, dirigée par l'ancien ministre Viktor Khristenko, ou la Société Russe du Cuivre d'Igor Altushkin, pour le couvent Tikhvine à Iekaterinbourg.

Pour la plupart, les monastères doivent au moins partiellement soutenir leur existence. Les moines travaillent plutôt difficilement, généralement dans l'agriculture, cultivent des légumes, entretiennent des étables, des ruchers pour le miel, certains développent un marché d'exploitation forestière. Le reste de leur temps est consacré à la prière, au travail, aux réparations, la restauration, la construction ou la cuisson du pain, la préparation de fromages ou bougies, le nettoyage, l'activité journalière est intense en activité.

Rares sont ceux qui comme le Monastère de Valaam gagnent réellement de l'argent. Les recettes totales du monastère, sans compter les droits de propriété provenant de l'Agapiy Pankratievich Valaamsky I.P. (ИП Валаамский Агапий Панкратьевич) un site produisant du fromage sur la ferme du monastère, se sont élevées à 179 millions de roubles en 2015, selon les journalistes de Kommersant Kartoteka. À ce montant, il convient d'ajouter 322 millions de roubles reçus de l'Etat par l'association à but non lucratif Valaam. Mais en 1991, Valaam était ruiné, sans un seul rouble dans ses caisses, il s'est battu pour survivre, peut-on lui reprocher ce succès que tant d'autres lui envient.

L'église orthodoxe russe comptait en 2010 près d'un millier de monastères comprenant 455 hommes et 471 femmes. Certes, ils ne sont pas tous situés en Russie mais aussi sur le territoire canonique de l'église orthodoxe russe comprenant l'Ukraine, la Biélorussie et d'autres pays de l'ex-URSS.

Ainsi, plus de cinquante monastères étaient situés à l'étranger, presque tous ont été restaurés à partir de rien après 1988. Á la fin de l'ère soviétique, il n'existait que 14 monastères en activité dans l'Union Soviétique Socialiste des territoires des États baltes jusqu'en Ukraine.

Le monastère le plus septentrional, Tryphon-Pechenga, situé dans la péninsule de Kola à la frontière avec la Norvège, n'est habité que par cinq moines, et ce n'est pas un cas unique : les monastères, dont la population ne dépasse pas dix personnes, sont assez communs.

Les monastères célèbres attirent plus de pèlerins, ce sont des centres touristiques attractifs qui transforment les localités dans lesquelles ils se trouvent en source de revenu.

Mais cette manne ne revient pas jusqu'au monastère, elle fait vivre les habitants locaux la ville à proximité qui louent des logements aux pèlerins et touristes, leur fournissant nourriture et souvenirs. C'est également le cas en ce qui concerne le monastère Pskov-Pechersky pour la ville de Pechora. Les sites monastiques se divisent en deux catégories selon le type de direction, stavropegial ou diocésain.

Stavropegial pour de grands monastères historiquement importants gérés directement par le patriarcat (il y en avait 33 au total en 2010), et les autres, relevant directement des évêques diocésains. Des cloîtres éloignés, grands oubliés du système, où cinq à six moines vivent, recueillent de l'aide par le biais de réseaux associatifs sociaux locaux.

LE QUARTIER ET LA VIE DU MONASTERE

Le monastère et séminaire Stravropégique Sretensky de Moscou fondé en 1397 par le fils de Dmitri Donskoy, célébra le premier service monastique, dirigé par le nouvel abbé du monastère, le père Tikhon (Shevkunov) la veille de la fête commémorative de la Réunion du Seigneur, le 14 février 1994.

La routine monastique de la vie journalière est à la quotidiennement immuable, la matinée commence à cinq heures avec l'office du matin. Après la liturgie, les moines se rendent au réfectoire pour le petit-déjeuner puis travaillent jusqu'à midi, avant de partir pour leurs tâches respectives, allant du nettoyage à la comptabilité, ainsi que plusieurs corps de métier, ensuite, c'est le déjeuner, et le retour au travail. À cinq heures du soir, tout le monde se réunit pour le service liturgique obligatoire avant le dîner.

Selon l'Archimandrite Ioann (Krestiankin) :

« Cet ancien monastère est dédié à un événement de l'histoire de la Russie qui a marqué une étape importante dans la survie et la formation de la nation, la rencontre de l'icône de la Mère de Dieu de Vladimir en 1395 avec le Saint-Hiérarque Cyprien et d'autres moscovites, au moment de cette réunion, l'envahisseur Tamerlan a fait demi-tour, épargnant à la ville de Moscou ses ravages. Parce que le monastère porte le nom de cette réunion, les gens pensent souvent à tort, qu'il est dédié à la Réunion du Seigneur. C'est une erreur, mais pas tout à fait. La fête de la Réunion du Seigneur s'est en fait révélée être le jour de la renaissance du monastère après la répression et la négligence de l'Union soviétique, en 1994 », fin de citation.

Peu à peu, la socialisation des fêtes calendaires en Russie, s'est renouvelée afin de réintroduire les fériés religieux et des commémorations plus anciennes, à la fois inhérentes à l'histoire et a l'église, en complément des jours chômés à caractère professionnel ou récréatif

C'est en 1993, que l'hiéromonque Tikhon, qui deviendra archimandrite, reçut la bénédiction de son père spirituel, le supérieur du monastère des Grottes de Pskov, l'Archimandrite Ioann (Krestiankin), pour approcher Sa Sainteté le Patriarche Alexis II, en lui demandant de créer un métochion, un territoire dépendant du monastère orthodoxe des Grottes de Pskov à Moscou. Le monastère des Grottes de Pkov, situé dans la province de Pskov, près de la frontière estonienne. Bien que le patriarche n'autorise aucun monastère de province à ouvrir des représentations dans la capitale russe à cette époque-là.

Et le Patriarcat de Moscou accorda facilement sa permission pour ce projet, Tikhon se souvient de l'étonnement qui fut le sien :

« Tremblant de peur, j'ai prononcé la phrase que j'avais soigneusement mémorisée pour ne pas mélanger les choses : Votre Sainteté, permettez-moi de trouver un métochion à Moscou, pour le relier monastère des Caves de Pskov. Je balbutiai ces mots, puis me figeai. Sortie de nulle part, la réponse de Sa Sainteté le Patriarche fut : Tikhon ! C'est très bien. Oui, oui, oui, c'est vraiment nécessaire », fin de citation.

L'Estonie avait récemment déclaré son indépendance de l'ancienne Union soviétique, beaucoup pensaient que la zone frontalière serait bientôt fermée, ce qui empêcherait l'accès au monastère bien-aimé des Grottes de Pskov aux russes. Afin de conserver un lien avec la Russie, un métochion, dépendance affiliée au monastère serait indispensable dans la capitale de Moscou. Le patriarche n'avait que récemment réfléchi aux conséquences de ces changements politiques et la demande de Tikhon est arrivée opinèrent au bon moment.

Le père John (Krestiankin) donna des instructions spécifiques très strictes à Tikhon sur la manière de choisir l'emplacement du métochion :

« Ne prenez pas le premier, le plus gros. Prenez le petit », fin de citation.

Le diocèse présenta deux endroits différents, que le père Tikhon refuse, en disant qu'ils sont trop grands. Le troisième site est l'ancien monastère Sretensky, situé près du cœur de Moscou. D'un point de vue monastique, le choix était illogique. De tous ses bâtiments antérieurs à la révolution, il ne restait qu'une seule église dans un état déplorable. L'entrée se fait par la rue Grande Loubyanka, réputée pour la prépondérance de ses bureaux et de ses immeubles du siècle dernier. De la musique retentit dans les bars de l'autre côté de la rue, et la circulation se fait entendre le long des rues transversales bordant le territoire monastique. Néanmoins, le célèbre supérieur du Monastère des Grottes de Pskov a béni avec enthousiasme le projet sélectionné.

Il y avait un autre obstacle à surmonter. L'église était déjà utilisée par un autre prêtre, le père Georg Kochetkov, une figure controversée de l'Église Orthodoxe Russe. Il est connu pour ses rénovations volontaires dans la pratique liturgique de l'Église et pour son catéchisme non approuvé par le Patriarcat, introduisant des idées hérétiques. Lui et ses adeptes ressemblent à s'y méprendre à une secte. Lorsque le diocèse lui a ordonné de céder les lieux au père Tikhon, le père Georg et ses partisans ont refusé de le faire. Ils avaient fait main mise sur les lieux sans aucun droit ni légitimité, au sortir du chaos que traversait la Russie après la fin de l'Union Soviétique de 1991, ils avaient squatté les lieux et n'en partaient plus.

Le problème des opinions théologiques du prêtre Georgiy Kochetkov atteint son apogée après le dernier scandale entourant les activités sectaires de l'un de ses fidèles, un prêtre du diocèse d'Archangelsk, Ioann Privalov.

Il perturbait non seulement de manière intentionnelle la paix ecclésiastique, la discipline liturgique dans son pays et sa propre paroisse, mais séparait également sa congrégation de l'Eglise Orthodoxe Russe, interdisant à ses fidèles d'avoir des contacts avec d'autres prêtres ou de faire des pèlerinages dans des monastères, ou d'entrer dans une église traditionnelle.

Georgiy Kochetkov considérait Jésus comme un fils d'homme et un prophète juif, ceci constitue un blasphème contre le Christ et sa très pure Mère. Ainsi, en raison de ses hérésies, ce prêtre qui aime diviser tous les membres de l'Eglise, s'est lui-même apostasié, en refusant le Fils de Dieu issu du Saint-Esprit. On peut ajouter que les paroissiens du monastère de Moscou Novodievitchy, où siège le prêtre Georgiy Kochetkov, ne participent qu'aux seules liturgies festives du calendrier orthodoxe et ses fidèles n'assistent presque jamais aux offices quotidiens. Les représentants pastoraux de l'église des réformateurs contrôlée par le gouvernement soviétique avait laissé la place à Sretensky aux apostasiés reniant l'origine Divine de la naissance du Christ.

Les propos insultants et blasphématoires contre Dieu, l'origine de l'homme et du Christ, ont conduit à un schisme parmi les fidèles, en fait, tous les paroissiens qui n'adhérèrent pas aux enseignements de ce prêtre furent chassés de son église.

En conséquence, la population locale n'a pas d'église disponible dans son proche voisinage et les personnes âgées et les infirmes qui ne peuvent se déplacer librement dans une autre paroisse, sont privés de la liturgie divine, les paroissiens sont expulsés du lieu de culte de leur quartier.

Des tendances très dangereuses sont détectables dans ce mouvement, il existe de nombreux signes de sectarisme dans les communautés de Kotchetkov.

Selon le professeur Alexander Dvorkin, président de l'association russe des centres pour l'étude des religions et des sectes, président du Conseil d'experts en études religieuses du ministère de la Justice de la Fédération de Russie, qui a commenté une situation alarmante, dans un entretien avec « Orthodoxie » dans les territoires du nord, plus ruraux et faciles à leurrer par des prêches ambigus, les éloignant des valeurs prônées par la véritable religion traditionnelle telle que perpétuée depuis mille ans en Russie.

Déterminé à appliquer la directive du patriarche, le père Tikhon et un groupe de paroissiens sont venus à l'église de l'icône de la Mère de Dieu de Vladimir au monastère de Sretensky, à la veille anniversaire de la fête de la Rencontre du Seigneur en 2014, avec l'intention de servir la messe pour la veillée à l'intérieur de ses murs. Il a été accueilli par une porte verrouillée, Georgy et ses partisans étaient reclus à l'intérieur et ne laissaient entrer personne.

Sans se laisser décourager le moins du monde, le père Tikhon s'installa à l'extérieur de l'église et commença la liturgie dans la cour devant le parvis.

Ce soir-là, en 1994, il faisait -25 degrés, le gel pénétrait l'étoffe des manteaux, dans les cœurs et les esprits de ce petit groupe très motivé, lors de ce premier service monastique religieux traditionnel depuis 1925.

Le père Ioann Krestiankin bénit Tikhon, il l'incite à accepter ce monastère, où tant est à faire, car les lieux mal conservés, ont une atmosphère extrêmement défavorable et pesante après le départ de la congrégation de Kotchetkov.

Sretensky réouvert, allait s'ériger sur le centre d'incarcération annexe de la Loubyanka, la prison de détention provisoire chargée des exécutions sommaires de l'OGPU puis du NKVD-KGB. L'héritage des murs et des sols est entièrement imbibé de l'histoire du passé, des vies perdues ici. Sretenksy devint une communauté monastique indépendante, on l'appelle stavropégique, ce qui signifie directement sous l'autorité du patriarche, plutôt que de l'évêque local.

Tikhon put bientôt initier le renouveau de la vie monastique sur ce site sacré et historique, né sous la menace potentielle d'annexion territoriale Estonienne de ce monastère de Pskov en 1993, et après que le prêtre Georgiy Kochetkov ait rejoint une autre église, libérant enfin les lieux.

Selon Dmitry Shvidkovsky, recteur de l'Institut d'architecture de Moscou :

« Il me semble que l'Église de la Résurrection du Christ et des nouveaux martyrs et confesseurs de l'Église Russe ouvre une nouvelle page de l'histoire de l'art l'architectural orthodoxe en Russie et dans le monde. Maintenant, d'autres pays orthodoxes se tournent vers nos maîtres, en Serbie, au Monténégro. En tant que membre du Conseil de la culture placé sous Sa Sainteté le Patriarche, je dois dire que nous constatons déjà que l'architecture de l'église réanime en nous, la créativité.

Et l'exemple de la création étonnante d'un véritable environnement artistique et spirituel à Moscou, qui illustre la nouvelle église, est un événement énorme », fin de citation.

L'apport financier le plus important à la construction fut été fourni par les moines, mais la contribution principale provenait de l'intégralité des frais de vente du livre de l'Archimandrite Tikhon (Chevkounov), supérieur du monastère de Sretensky :

« Le père Rafaïl et autres saints de tous les jours », ISBN 2845451768, pour la version française, aux Editions des Syrtes (28 mars 2013), 390p, traduit du russe par Maria-Luisa Bonaque, préface de Monseigneur Antonio Mennini.

Selon Tikhon, la nouvelle cathédrale n'a pas été construite à un prix exorbitant :

« Mais plutôt pour le prix modeste d'une construction d'aujourd'hui. Cela n'a été rendu possible que parce que les moines du monastère et son supérieur étaient eux-mêmes sur ce chantier avec les contremaîtres tous les jours, et contrôlaient soigneusement toutes les dépenses », fin de citation.

Habitués à vivre humblement, les moines n'étaient pas accoutumés à des dépenses importantes qui leur semblaient impensables, chaque rouble fut dépensé à bon escient.

Le livre en question est un succès en librairie qui dresse un tableau vivant de l'univers méconnu et caché de la vie des moines dans les vingt dernières années du XXe siècle en Russie. Publié à deux millions et demi d'exemplaires, et constamment réédité, engrangeant de substantielles recettes qui furent consacrées au lieu saint. Bien sûr, l'aide de philanthropes a été ajoutée, ainsi qu'un certain nombre de sociétés russes ayant également participé au financement final, ainsi que des dons de particuliers. Les experts disent que la construction a coûté moins cher que celle d'une église orthodoxe beaucoup plus petite à Paris, et moins que la reconstruction de la cathédrale navale de Kronstadt.

L'ouvrage est un éloge de la vie monastique, ces humbles héros des temps modernes, dans leur lutte contre le mal et l'illusion tous sont de bons chrétiens et, surtout, de profonds croyants, à l'identique de ces saints auxquels la nouvelle cathédrale est dédiée, les nouveaux martyrs et confesseurs de Russie.

Cet ouvrage nous éclaire sur la richesse spirituelle immatérielle et intemporelle occupée par le monachisme dans l'exercice d'évangélisation du pays par l'Église Orthodoxe, elle ressort grandie de ces années de folie meurtrière où l'athéisme servi le démon plus que la liberté de l'homme.

Le poète et traducteur anglais du livre « Le père Rafaïl et autres saints de tous les jours », Julian Lonefeld, connu pour ses traductions de littérature russe notamment Pouchkine, s'est fait baptiser au monastère Sretensky. Julian Lonefeld, s'est converti à l'Orthodoxie en présence de ses parrains et amis, suite à son travail sur cet ouvrage, et fut baptisé, dans l'église inférieure, à cet endroit, sur le mur pend la réplique à l'identique, du Linceul de Turin, semblable à une radiographie.

Le baptême était pour lui, le résultat spirituel logique de son cheminement, suite à la traduction en anglais du livre, qui avait déjà fait l'objet de cinq rééditions aux États-Unis.

Le recueil d'histoires sur la vie des moines et d'autres personnes célèbres de l'univers orthodoxe, écrit par le père Tikhon Chevkounov devenu Archimandrite, obtint un succès notable auprès des lecteurs, plusieurs millions d'exemplaires ont été vendus dans le monde depuis sa parution.

Avec l'intégralité de l'argent récolté par la publication, un édifice gigantesque, ouvre une nouvelle page de l'histoire de l'architecture orthodoxe en Russie et dans le monde entier, au travers d'une cathédrale unique.

En regardant le monastère Sretensky aujourd'hui, il est difficile d'imaginer comment il était à l'époque. À la place de l'aménagement paysager délicat avec ses vignes grimpantes, arbustes à fleurs, arbres gracieux et son étang à poissons, il y avait des ordures, des allées ébréchées et aucun mur d'enceinte pour le protéger du monde extérieur. Le séminaire se trouvait dans un lycée et des élèves adolescents croisaient le chemin de ceux qui se rendaient à l'église tôt le matin. Depuis, Dieu a abondamment béni les efforts du père Tikhon et des frères, le monastère fleurit maintenant sur de nombreux fronts, son champ d'action continue de s'étendre.

Voici plusieurs années, le maire Loujkov céda plusieurs bâtiments, dont le lycée, au monastère ce qui agrandit considérablement son territoire, jusqu'à la construction de l'immense église qui suivit, dédiée aux nouveaux martyrs de la Russie.

Cette terre était trempée dans le sang de chrétiens orthodoxes morts pour leur foi pendant les premières années du régime athée communiste, ce projet d'église des nouveaux martyrs et confesseurs de la Russie, s'est vu sponsorisé de façon tout aussi inattendue que miraculeuse, par la vente à plus d'un million d'exemplaires en un an à compter de sa parution, du livre rédigé par Tikhon. Mais une histoire qui ne faisait pas partie de ce succès littéraire spirituel fut récemment publiée sur le site Web du monastère, Pravoslavie.ru, dans une série d'articles qui précéda le vingtième anniversaire.

Il s'agit de l'histoire d'Evgenia Matfeyevna Grika, décédée le 9 février, exception notable à la règle du monastère, les funérailles de cette paroissienne eurent lieu dans l'église du monastère et la liturgie servie par l'abbé lui-même.

Qu'est-ce qui a rendu cette femme si méritante de cet honneur, que savons-nous ?

L'archimandrite Tikhon raconte son histoire dans le sermon qu'il prononce à son intention :

« Aujourd'hui, nous enterrons Evgenia Matfeyevna Grika, une pauvre veuve et le principal bienfaiteur de notre monastère.

Evgenia Matfeyevna Grika a mené une vie vraiment longue, sage et joyeuse. Elle est née en 1914 et approchait de son centième anniversaire. Elle a été paroissienne du monastère Sretensky pendant vingt ans.

Nous n'exagérons aucunement lorsque nous appelons Evgenia Matfeyevna, le bienfaiteur principal de ce saint monastère. Lors de la bénédiction du Patriarche Alexy en 1994, lorsque les moines sont venus au monastère Sretensky pour faire revivre leur vie monastique, Evgenia Matfeyevna nous a accueillis.

Elle était très dure, elle nous reçut avec des mots extrêmement désagréables et odieux. La raison en était son expérience avec le clergé qui nous a précédés ici.

Evgenia Matfeyevna était propriétaire d'un très grand bâtiment de la rue Bolshaya Loubyanka, où se trouvent maintenant notre réfectoire, notre cuisine, notre librairie et notre bibliothèque. Le bâtiment appartenait au monastère avant la révolution et le gouvernement de Moscou l'a ensuite confié à divers ateliers industriels.

Au début des années 1990, lorsque l'église fut confiée à la première communauté religieuse, Evgenia Matfeyevna fut appelée à l'aider de tout son cœur et elle utilisa un étage entier de sa propriété. Cependant, disons simplement que cela n'a pas fonctionné. Evgenia Matfeyevna était profondément offensée et cette relation extrêmement difficile qui les opposait à elle, ternissait sa vision personnelle de l'ensemble de l'église orthodoxe.

Gloire à Dieu, en peu de temps, tout a changé, et nous sommes devenus de bons amis. Plus tard, une tragédie entra dans la vie d'Evgenia, son fils Alexandre était sur le point de mourir.

C'était la première fois qu'elle se tournait vers l'Église pour obtenir de l'aide. Par la miséricorde de Dieu, peu de temps avant la mort d'Alexandre, elle prit conscience d'elle-même en tant que chrétienne orthodoxe et commença à aller à l'église et Alexandre reçu la communion.

Ensuite, Evgenia Matfeyevna est venue un jour et m'a dit qu'elle voulait donner le bâtiment qu'elle possédait au monastère. Nous savions très bien que c'était tout ce qu'elle avait, si vous ne comptez pas le minuscule appartement dans lequel elle vivait comme dans un placard à la périphérie de Moscou. Nous lui avons dit que nous ne pouvions pas accepter un cadeau aussi coûteux en remerciement de l'attention que nous portons à son fils, qui n'était en réalité rien d'autre que notre devoir de prêtre. Mais Evgenia Matfeyevna donna une véritable leçon aux moines, en répondant qu'elle ne nous l'offrait pas à nous, mais à Dieu… », fin de citation.

Bien qu'Evgenia Matfeyevna Grika soit le principal bienfaiteur du monastère et que sa relation avec, soit devenue de plus en plus chaleureuse au fil des ans, elle n'est en aucun cas le seul serviteur de Dieu qui a donné et continue de soutenir le monastère, beaucoup de bienfaiteurs dévoués, du plus petit au plus grand continent à soutenir financièrement le site monastique.

Grâce à leur aide et à leur amour, le monastère a grandi pour devenir ce qu'il est aujourd'hui et il continue de croitre encore. Et ils ressentent la gratitude des moines, la reconnaissance est réciproque, la foi est pleinement palpable dans tous ces actes.

En gage de cette gratitude, un concert d'anniversaire fut organisé à l'intention des travailleurs laïcs et des paroissiens bienfaiteurs avec le célèbre chœur du monastère de Sretensky. Après la célébration de la liturgie, les fidèles reçurent un gâteau aux épices béni, spécialement cuisiné à cette occasion.

Evgenia Matfeyevna Grika acquit les lieux bon marché, tout ce secteur de la ville était pauvre et délabré, pendant plusieurs siècles une insalubrité totale y régnait. Il faut savoir que dans la période de 2000 à 2018, la mairie de Moscou expulsa de nombreux locataires et propriétaires de vieux appartements du centre-ville pour récupérer les terrains, y compris les places de parkings extérieurs, dans un vaste programme de spéculation immobilière. Certes leurs logements n'étaient pas équipés de tout le confort moderne, mais ils résidaient au centre de la capitale, et ils durent se reloger dans d'immenses tours bétonnées des zones-dortoirs à la périphérie de la ville, à quarante ou cinquante kilomètres. Ce projet vide Moscou des classes à revenu modeste et crée des ghettos en banlieue, d'abord sous le mandat de Iouri Loujkov, maire de Moscou de 1992 à 2000, puis sous Sergueï Sobianine, son successeur à partir de 2010.

Les expropriations ouvrirent aux nouvelles élites du monde des affaires, l'opportunité d'acquérir des appartements luxueux tous neufs très coûteux, entourés de routes que parcourent plus de six millions de véhicules par jour. Mais ce problème n'est que le reflet des grandes métropoles modernes. Le cadeau immobilier gratuit qu'Evgenia Matfeyevna Grika offrit au monastère avait une valeur immense au cours du marché immobilier moscovite moderne.

Le Moscou du début du dix-neuvième n'équivaut pas les intérieurs cossus des splendides maisons haussmanniennes de Saint Pétersbourg. Á deux rues du Théâtre Bolshoï, tout le gratin mondain se disputait des billets d'entrée très chers au marché noir, pour y venir en grande tenue de soirée, à deux pas de là, des personnes logeaient dans des taudis à vue d'oiseau du kremlin. Ce premier Théâtre russe du Bolshoï brûla avant son inauguration, puis fut une seconde fois réduit en cendres par un violent incendie qui se déclara pour une raison inconnue au petit matin du 11 Mars 1853, les flammes dévorèrent l'édifice prestigieux pendant deux jours, la structure fumait encore, parait-il, une semaine plus tard. Derrière-lui, le quartier était à l'abandon, livré au commerce douteux, aux trafics divers, aux ivrognes et aux sans-abris par-delà le vieux Arbat et la mal famée Sretensky. Jusqu'à la fin des années trente de l'ère communiste, le commun des travailleurs n'y avait pas accès sans danger.

Aujourd'hui tout a changé, D'imposants centres d'affaires rachètent des pans entiers du centre-ville laissé à l'abandon faute de moyens pour les entretenir comme il se doit.

Moscou est une ville singulière dans laquelle le sacré se mêle avec impudence au moderne, tel l'exemple frappant de l'église Saint-Nicolas des vieux-croyants (1914-1921), entourée par les immeubles de bureaux du complexe Place Blanche. Ou bien l'église Saint-Alexis datant de 1853, qui est flanquée d'immeubles résidentiels bétonnées des années 1980, dans un mélange de contrastes d'époques et de styles dont le centre de Moscou est coutumier. Cela ravit les touristes qui ne se lassent pas de dénicher à chaque coin de rue, des pépites architecturales, inhabituelles pour les européens, et d'un effet photographique certain. Les trente-neuf cinémas à l'abandon construits dans les années 1960 et 1970, destinés à diffuser l'industrie du cinéma propagandiste soviétique furent rachetés à l'État par le promoteur ADG Group, qui les convertit en commerces et cafés. Trois seulement devraient être conservés en l'état, d'autres seront détruits ou complètement rénovés si leur état permet de les transformer.

Moscou efface les traces de ce lourd passé qui entendait créer un homme nouveau dans un contexte environnant égalitaire. Les soviétiques vantaient le réalisme et s'étaient débarrassés des ornements superflus. Cela impliqua le choix de formes stylisées dans une réalisation accélérée et bétonnée avec un choix de forme stricte, aux dépens de l'esthétisme.

Tout n'est pas d'une grande beauté, une fois franchis les boulevards de ceinture, l'image fonctionnelle que le régime soviétique cherchait à donner devait se soumettre au jugement de la postérité prolétarienne et affirmer la prééminence de son omnipotence. Hormis les bâtiments administratifs d'État, les formes abstraites du style moderniste furent et demeurent comparables aux grandes cités dortoirs des banlieues des grandes villes occidentales, avec du béton à perte de vue, et rien de plus.

Chacun portera le jugement qui lui convient selon sa propre conviction esthétique de l'architecture ainsi que sur les raisons de la destruction du patrimoine culturel et religieux intemporel de tout un pays. Le modernisme, faut aujourd'hui son apparition, l'harmonie d'un style naissant se hisse sur Moscou, et la technologie la plus avant-gardiste, s'immisce dans le sacerdoce.

On peut lire sur le site internet orthodoxe le plus connu Pravoslavie.ru. :

« Au Mont Athos, l'électricité vient tout juste de s'écouler et à Sretensky), les moines ont tous une tablette informatique tactile selon Eugène Nikiforov, ami de Tikhon et chef de la radio orthodoxe Radio Radonezh », fin de citation.

Jamais le peuple ne sera reconcilié avec son passé tragique, les Russes s'identifient désormais à l'église orthodoxe, elle donne le ton du moment, la seule institution sociale majeure à avoir survécu à la turbulente histoire de leur pays au travers des siècles. Au point où l'idéologie du Kremlin s'en inspire pour moraliser la Nation et l'État.

CONCLUSIONS

Le monastère de Sretensky est maintenant l'un des centres spirituels de l'orthodoxie.

Le primat de l'Eglise russe, le métropolite Cyprien et le grand-duc Vasily Ier, fils aîné de Dmitry Donskoy, ordonnèrent en 1395, que l'icône de Vladimir de la Mère de Dieu, soit transférée à Moscou, la ville ne pouvait pas résister aux troupes de Tamerlan. Le 8 septembre (26 août), un convoi avec l'icône arrivé dans la capitale, un service de prière collectif public est alors célébré sur le terrain de Kuchkov, près de l'église en bois de Sainte Marie d'Égypte (1385). La nuit même, Tamerlan vit dans un songe comment un flux de lumière tomba du ciel sur la terre avec la vierge marie entourée d'anges. Impressionné par cette vision il repart avec ses troupes dans le sud du pays.

Peu à peu, le monastère grandit, devenant le centre névralgique des principales processions religieuses de Moscou. Sous le Grand Prince Jean III, les églises en bois ont été reconstruites en pierre. Jean IV, qui visite le monastère après la capture de Kazan, fait de généreux dons au trésor monastique. Pendant la guerre russo-polonaise, le quartier général de la milice russe de Kuzma Minin qui souleva Moscou contre les Polonais et favorisa l'avènement des Romanov, et du prince Dmitry Mikhaylovich Pozharsky, se situe dans le monastère. Au XVIIe siècle, la famille impériale Romanov apporta de généreuses contributions qui permirent en 1679, de construire une cathédrale en l'honneur de la Réunion de l'icône de Vladimir, c'est aujourd'hui la cathédrale principale du monastère. En 1706, une allée a été ajoutée à la cathédrale en l'honneur de la Nativité de Jean-Baptiste ainsi qu'une allée dans l'église de Sainte-Marie-d'Egypte, en l'honneur de la fête de la Présentation du Seigneur. La même année, une particule des reliques de Sainte Marie d'Égypte a été apportée de Constantinople. En 1707, la cathédrale Sretensky fut enrichie avec des peintures murales uniques, un chef-d'œuvre de l'art russe ancien à Moscou.

Le monastère souffrit lors du grand incendie de 1737 et, en 1764, Catherine II, limita le nombre de frères à sept personnes.

Le jour de la bataille de Borodino, le 26 août 1812, lors de la fête de la Présentation de l'icône de la mère de Dieu par Vladimir, une procession avec des icônes miraculeuses partit du monastère de Sretensky pour faire le tour du quartier avec une grande foule de fidèles. Plus tard, un hôpital pour soldats blessés est aménagé dans le monastère, les français s'en serviront aussi, beaucoup d'entre eux ont été enterrés dans son cimetière. Le monastère survécut au pillage des français, puis au grand incendie de Moscou ou neuf dixièmes de la ville, partent en cendres.

Le monastère, qui avait une histoire de cinq siècles et demi, cessa d'exister en 1925, la plupart de ses bâtiments détruits, comme l'indiquent dans les documents officiels, pour développer le trafic routier, cela justifia aux yeux des autorités, la démolition de l'une des plus anciennes églises de Moscou, celle de Sainte-Marie d'Égypte.

Dans l'ancien territoire monacal, des cachots enfermèrent des religieux condamnés pour leur foi, avant qu'ils ne soient abattus, et pour certains, enterrés dans des tombes sans nom, puis les soviétiques construisirent une école sur le site du cimetière du monastère dans les années 1950.

Du magnifique monastère, il ne restait que l'ancienne cathédrale de Vladimir, transformée en auberge de jeunesse pour officiers du NKVD. Pour cela, l'église fut divisée en plusieurs étages, des poêles à charbon installés, la suie remontait sur les murs et plafonds. En faisant tomber les croix et bulbes, les bolcheviks ont endommagé la toiture, ce qui a entraîné des infiltrations d'eau. Les fresques murales d'art ancien uniques souffrirent beaucoup, mais, selon la Providence de Dieu, préservées car les murs de la cathédrale furent tapissés et qu'au lieu d'enlever les anciens papiers, ils se contentaient d'encoller une nouvelle couche sur l'ancienne.

En 1958-1962, la façade de la cathédrale est restaurée, mais le monastère n'avait plus rien de tel, ni même une clôture, n'y icônes ou bougeoirs dans son église, Sretesnky n'en doutez pas revient de très loin[6].

Tant de chemin parcouru ces dernières années à Moscou, depuis le 11 juin 2002, quand dans la grande salle d'exposition du "Manège", Sa Sainteté le Patriarche de Moscou et de toutes les Russies, Alexis II, dirigea la cérémonie d'ouverture de l'exposition historique sur L'économie monastique d'hier à aujourd'hui, bien que presque tous les monastères étaient fermés, et dix pour cent des églises tenaient encore debout.

S'adressant à l'auditoire, sa Sainteté le Patriarche Sainteté Alexy, nota en particulier, que les monastères de l'Église Orthodoxe Russe sont des centres historiques de la vie spirituelle et d'activités éducatives.

L'envoyé plénipotentiaire du président de la Fédération de Russie dans le district fédéral central, G. Poltavchenko, assista à la cérémonie de 2002. Il souligna que les monastères sont engagés dans des activités économiques, ce qui montre que les affaires peuvent être menées de manière équitable :

« Là où il y a Dieu, il n'y a que vérité et amour, les entrepreneurs nationaux doivent comprendre cela », selon G. Poltavchenko.

En 2002, la vie monastique fut relancée dans 560 monastères, poursuivant une combinaison harmonieuse de prières, de ministère théologique éducatif et social, ainsi que d'activités économiques. Le statut économique et juridique des structures ecclésiales devint associatif solidaire.

---

[6] https://monastery.ru/monastyr/istoriya-obiteli/

Les monastères se remirent à cultiver les terres, ce qui permit non seulement de procurer de la nourriture existentielle vitale gratuite aux résidents des monastères et pèlerins, mais également de répondre aux besoins des étudiants dans les établissements d'enseignement théologique du couvert monastique car ils ne bénéficient pas de bourses d'étude de la part de l'Etat.

Les activités traditionnelles sont parfois complétées d'ateliers de peinture d'icônes ou de broderie, les grands lieux monastiques disposent de leur propre maison d'édition, mais les petits monastères n'ont rien de tout cela. Ils survivent grâce à un simple jardin potager, quelques poules, une vache. Ne croyez pas que les monastères perçoivent facilement de l'argent, ce sont des lieux relativement pauvres et démunis.

D'un autre côté, les initiatives pour rouvrir les églises se multiplient, fleurissent jusqu'aux confins de l'Orient

Selon Lyudmila Butuzova dans un article pour newizv.ru le 30 mai 2019 :

« Depuis 2000, vingt-mille nouvelles paroisses orthodoxes sont apparues dans le pays, mais au cours de cette période environ 27 000 écoles et 11 500 polycliniques et hôpitaux ont été fermés », fin de citation.

C'est un fait, et pas non plus une exclusivité russe, la désertification médicale et scolaire est identique en France au cours de la même période, entre 2013 et 2017, dans l'hexagone français, 95 sites ont été fermés soit une baisse de 7%, sur environ 1 363 hôpitaux publics français et 400 écoles fermées, déplacées ou fusionnées, pour la seule année 2019.

À la fin du pouvoir soviétique, en 1988, l'Église Orthodoxe Russe comptait 76 diocèses et 74 évêques, 6 893 églises, ce qui ne représente que 12% du nombre existant avant la révolution, avec 6 674 prêtres et 723 diacres, deux monastères, deux académies théologiques et 3 séminaires.

Nous recensons aujourd'hui (2019), 293 diocèses et 354 évêques, 40 000 églises, 36 000 prêtres et 5 0004 diacres, 944 monastères (462 hommes et 482 femmes), cinq académies de théologie, trois universités orthodoxes, deux instituts de théologie, 38 séminaires théologiques, 39 écoles de théologie, disséminés dans tout le pays, qui est le plus vaste territoire au monde.

En février 2009 au sein d'une réunion historique entre le patriarche Kirill et le maire de Moscou, Yuri Loujkov, fut mise en évidence, une grave pénurie d'églises dans la capitale de dix millions d'habitants. À cette époque, le diocèse de la ville comptait au total 837 églises et chapelles. Le patriarche insista sur le fait que les Moscovites avaient besoin d'au moins 591 églises supplémentaires. Selon les souvenirs de Loujkov, l'élite des hommes d'affaires présente à la réunion et les élus municipaux, après une négociation acharnée, décidèrent que les besoins des Moscovites étaient estimés à 200 nouvelles églises, c'est sous cette forme, que le programme des Deux-Cents Églises est né[7].

A l'époque, un fonds spécial fut ouvert afin de recueillir des dons privés pour la construction d'églises par le service financier et économique du Patriarcat de l'église orthodoxe russe. Le président du conseil était l'archevêque Mark Yegoryevsky. Les co-présidents, le patriarche Kirill et Sergey Sobyanin, parmi les membres du conseil, l'allemand Gref (Sberbank), Vladimir Potanin (Interros) et Alexey Miller (Gazprom).

L'un des donateurs les plus généreux du programme des 200 églises fut l'homme d'affaires Mikhail Abramov, fondateur et directeur du musée de l'iconographie russe, avec un don personnel d'environ 700 millions de roubles pour la construction de deux églises.

---

[7] https://newizv.ru/news/society/30-05-2019/ekonomika-hramostroitelstva-kto-i-kak-platit-za-duhovnye-skrepy

Le prix moyen d'une petite église, selon le programme des deux-cents églises dans la capitale à Moscou, pour lesquelles l'église orthodoxe russe reçut 143 terrains des autorités, selon le site Internet de l'Église Orthodoxe Russe, formule un prix standard de 250 à 500 millions de Roubles pour une église accueillant 500 paroissiens. Dans le cas d'une plus petite église pour 250 paroissiens, environ 90 millions de roubles, en général, le coût moyen total pondéré est de 150,64 millions de roubles pour une église. En fait, la construction même d'une nouvelle église débute aujourd'hui à partir de la décision d'une seule personne ou une entreprise spécifique, qui exprime le désir de lui offrir des dons sur ses propres fonds.

Le prix minimum d'une chapelle en bois étant de 9,9 millions, plusieurs entreprises privées décidèrent d'en construire au sein de leurs établissements industriels, cela existait déjà, bien avant la révolution au sein de grands groupes industriels et de sociétés importantes. Sur les dons des paroissiens et des bienfaiteurs, selon les analystes financiers, 150 milliards de roubles sont alloués chaque année à la création d'églises en Russie. La majeure partie des églises (90 à 95%) est construite et restaurée avec de l'argent et des dons strictement privés et ne provenant pas de l'État et du trésor public, il fallait le signaler avec insistance. Trois nouvelles églises érigées par jour, signifie qu'environ 1 100 églises seront construites cette année (2019), en Russie, environ 1 000 personnes ou organisations ont décidé de donner leur argent pour l'édification d'églises en seulement un an. Je vais prendre l'exemple d'une ville de province où j'ai personnellement résidé. Dans la cité des métallurgistes de Tcherepovets dans l'oblast de Vologda, le patriarche Kirill présida une liturgie à la Cathédrale de Saint-Athanase et Saint Théodose le 16 juin 2018, et visita également, le site industriel de production de PhosAgro, où il officia la liturgie, dans l'église du saint martyr Barbara[8].

---

[8] Ville que j'ai bien connue et au sujet de laquelle j'ai rédigé l'ouvrage : Histoire des Églises orthodoxes de Tcherepovets, ISBN : 979-10-97252-18-2 en Juillet 2019.

Il s'agissait d'une entreprise privée et d'une église construite aux frais de l'entreprise, mais destinée à un usage collectif libre. En cadeau pour l'église de la grande martyre Barbara, le primat a remis une icône de la résurrection du Christ qui trouvera sa place dans cette église neuve, joliment décorée, possédant une iconostase hautement artistique, réalisée par les maîtres de Yaroslavl, avec bien entendu, une icône avec des particules des reliques de la grande martyre Barbara. Ce saint peut être sollicité avec des demandes de nature personnelle et professionnelle :

« La résurrection est un symbole de notre foi, un symbole de notre vie, un symbole de notre espoir », a souligné le patriarche.

« Que le Christ ressuscité aide chacun de vous. Que le Seigneur vous garde dans toutes les voies de votre vie. Une fois encore, je vous félicite cordialement pour ce merveilleux événement historique pour la société PhosAgro et pour tous ceux qui y travaillent », fin de citation. Le recteur de l'église (Храм во имя Святой Великомученицы Варвары) est le prêtre Vitaly Ryabov, son téléphone le 8-953-512-73-03, celui de l'église 62-58-48 ou 59-40-21. Elle est située sur le complexe phosphoré de PhosAgro. Son clocher blanc est de forme balconée carrée à colonnes porteuses, finissant coiffé d'un bulbe, à la même hauteur que celui du toit principal au-dessus de l'autel, Il y a six cloches en bronze installées sur le clocher, la plus grande pesant à elle seule 130 kilos. L'ensemble de la toiture est multi-étagée, sur cinq coiffures distinctes, de style architectural nordique russe. L'église est éclairée des fenêtres blanches de chaque côté, à l'intérieur au pied de chacune d'elles, est fixé un radiateur électrique. La première pierre fut posée le 27 mai 2016, lors de la journée commémorative de la pharmacie. Les maîtres menuisiers d'Arkhangelsk ont assemblé le cadre d'une église en bois de deux étages, construite dans les traditions de l'architecture orthodoxe russe.

Selon les explications d'Anna Smirnova, architecte en chef de la société civile PhosAgro-Cherepovets :

« Chaque bûche est écorcée à la main, la couche la plus fine retirée. C'est du pin. Les maîtres d'Arkhangelsk ont construit une maison en rondins que nous avons réglée pour qu'elle se contracte et qu'elle soit sèche. Les derniers travaux ont commencé en juin (2016). Sur le porche il y a des piliers temporaires, nous prévoyons de livrer des colonnes sculptées de Moscou, comme celles qui se trouvaient autrefois dans des maisons de boyards. Et le beffroi aura également un design sculpté, plus expressif sur le plan architectural », fin de citation.

La décoration principale de l'église est une iconostase à quatre registres en hêtre et tilleul sculptée, réalisée par les maîtres de l'atelier de peinture d'icônes de Rybinsk. L'iconostase comprend 50 icônes peintes à l'huile et à la feuille d'or.

Outre Sainte Barbara, ce n'est pas par hasard que PhosAgro a choisi Sainte Catherine, Saint Élie et Saint Pantelemon, car ces Saints étaient particulièrement vénérés dans les paroisses rurales aux alentours de Tcherepovets. On les priait pour qu'ils apportent leur bénédiction dans tout ce qui a trait à la vie dans la campagne, depuis les récoltes, jusqu'aux animaux, la pharmacie, la mine et les métiers en relation avec le métal.

La vocation professionnelle de l'entreprise PhosAgro est internationalement reconnue, c'est l'un des principaux producteurs d'engrais à base de phosphate au monde. La société est le premier producteur européen d'engrais et le plus grand producteur mondial de roche phosphatée de haute qualité, destinée en grande partie aux produits fertilisants, engrais minéraux, phosphore, acides phosphoriques et sulfuriques. PhosAgro, contrairement à Severstal qui est au milieu de la ville, est excentré vers le nord-ouest et le secteur de Kochta, hors périmètre urbain, bien que pas très éloigné.

PhosAgro est immense, son église du saint grand martyr Barbara (Храм Святой Великомученицы Варвары) comporte trois coupoles, le clocher est inséré à la structure totale de l'édifice. Placé au centre d'un parc. A la droite du lieu saint, un grand parking, les personnes de la région notamment le proche village de Nelazskoye peuvent y venir depuis l'extérieur, à partir de routes bordées de forêts.

Les salariés fréquentent l'église lors de pauses ou au sortir de la salle de gym et de la salle de restauration collective Kafé Tsentralnoye. L'église est ouverte tous les jours non seulement pour les employés de l'entreprise, mais également pour tous les paroissiens, a déclaré Mikhail Rybnikov, directeur général de PhosAgro-Tcherepovets. D'ailleurs, des baptêmes et consécrations religieuses s'y déroulent journalièrement comme dans n'importe quelle église de quartier.

Ne ratez pas ce petit village d'environ 200 habitants situé, à environ 30 km au nord-ouest Tcherepovets, voisin du centre industriel de PhosAgro. Il renferme l'église de l'Assomption de Notre-Dame, (Церковь Успения Пресвятой Богородицы, деревянная, построена в 1694 году. с. Нелазское)

C'est une splendide église en bois de forme extraordinaire avec une toiture verte, construite en 1694. Par son architecture, elle rappelle à s'y méprendre, l'église de la Transfiguration du Seigneur de Kiji en Carélie. Ses toitures y compris celles du clocher sont en plateaux superposés au nombre de huit.

L'endroit est inoubliable par sa beauté, toute la structure est en bois avec des balconades extérieures couvertes sur pilotis et un escalier d'accès également couvert dans la plus pure tradition des châteaux des Tzars voici cinq cents ans en arrière. On y accède par une route semée de nids de poule, en passant devant des dépendances en brique rouge.

La Russie à cela d'extraordinaire, on peut circuler sur des kilomètres à travers une nature splendide, passer devant un complexe industriel moderne, et trouver au milieu des bâtiments dédiés au travail et aux métiers de l'homme, une église fonctionnelle, ouverte à tous, accessible, disponible. Après une halte, l'âme s'y ressource, une fois la paix intérieure retrouvée, on reprend son chemin là où on l'avait laissé, avec le sentiment d'être ailleurs, parmi de très braves gens. La construction de l'église dédiée à Sainte Barbara commença en juin 2016, des artisans de la région d'Arkhangelsk ont rassemblé une maison en rondins dans une forêt spécialement aménagée pour l'hiver, chaque bûche destinée à la future église, fut coupée à la main, sans utiliser de machine.

Dans la soirée du 16 juin 2018, le Patriarche Kirill, visita Ferapontovo, un village du district de Kirillovski dans la région de Vologda et son monastère, ce n'est que le lendemain, qu'il arriva dans la capitale de Vologda. Avant de visiter l'église dédiée à Sainte-Catherine-la-Grande-Martyr (Храма-часовни в честь Святой Великомученицы Екатерины).

Sa Sainteté le Patriarche Kirill, s'est spécialement déplacé en 2018, pour la future cinquième église de PhosAgro, dédiée à Sainte-Catherine-la-Grande-Martyr (храма-часовни в честь святой великомученицы Екатерины), sur le site de production Amniak n°3 (Аммиак №3), construite dans le style ancien russe, à l'image des de l'île de Kiji, avec des rondins de bois, elle est carrée, reposant sur une dalle en béton et en pierre surélevée pour résister à la neige en hiver.

L'inscription sur la première pierre se lit comme suit :

« Cette pierre a été consacrée à l'été du Seigneur de la Nativité du Christ en 2018, par le Très Saint Patriarche de Moscou et de toute la Russie, Kirill, pour la fondation d'une chapelle en l'honneur de la grande martyre Catherine ».

La superficie de cette église de l'usine de produits chimiques est modeste, 36 mètres carrés, la hauteur avec la plus haute croix, de 17,6 mètres, jusqu'à 50 personnes peuvent participer simultanément au service liturgique. Toute la structure, les dômes et les croix sont en bois. Les bulbes reposent sur des surélévations tubulaires, réalisés avec un maillage de tuiles de bois superposées en feuilles qui se chevauchent.

La chapelle se trouve en face des ateliers avec leurs cheminées et colonnes à distiller, proche des bâtiments administratifs du site industriel agrochimique PhosAgro, et son nouveau complexe de production d'ammoniaque.

« La grande martyre Catherine a donné sa vie pour être fidèle au Christ », a déclaré le patriarche, « Elle venait d'une famille riche et noble et pouvait vivre paisiblement dans la richesse et l'honneur, mais elle a choisi la voie de la confession, de la vérité, et pour elle, elle a été tuée. Parce qu'elle n'a pas refusé le Christ.

Aujourd'hui, personne ne nous oblige à renoncer à la foi, mais nous refusons souvent nous-mêmes, car nous avons de faux objectifs et de fausses valeurs. Souvent, la vie nous rappelle de nouveau la puissance supérieure. Lorsque nous tombons malades, nous sentons soudain les limites de nos capacités. Et pour éviter ces circonstances difficiles, une personne se tourne à contrecœur vers Dieu. Nous devons apprendre à vivre avec Dieu tout au long de notre vie. Apprenez à le remercier pour chaque jour, pour la santé et les proches, pour le ciel bleu, pour le travail, pour les amis que Dieu envoie. Pour un ciel paisible et un pays prospère. Dieu nous préserve, de sorte qu'une telle religiosité authentique fasse partie de notre vie nationale. Ensuite, il ne fait aucun doute que beaucoup de choses changeront pour le mieux. Je pense que ce n'est pas par hasard que les dirigeants PhosAgro ces dernières années, considèrent la composante spirituelle comme l'une des bases de leurs activités », fin de citation.

Sa Sainteté remit à la direction de l'entreprise chimique une lettre patriarcale, ainsi que l'icône du Grand Prince Jean de Moscou et plusieurs autres icônes destinées à l'église de l'usine :

« J'aimerais souhaiter l'aide de Dieu aux dirigeants, Andrei Grigorievich et Andrei Andreyevich, administrateurs de la société, à vous tous, mes chers. Pour que vos œuvres soient pour le bien de notre patrie, pour le bien de tous, afin qu'elles laissent une profonde satisfaction dans votre conscience et se reflètent dans un niveau de vie décent pour vous et vos familles. Que le Seigneur garde tous ceux qui travaillent ici. La bénédiction de Dieu est sur vous », déclara sa Sainteté !

L'église en l'honneur de Sainte Catherine la Grande Martyre est le quatrième bâtiment religieux construit sur les sites industriels de la société PhosAgro, dont une église sur le site d'une mine dans les montagnes polaires de Khibiny n'était par ailleurs pas le premier que la société ait construit dans ses usines, mais en tout cas, celle édifiée en conditions les plus extrêmes.

En 2016, la construction de trois églises avait commencé à proximité des lieux de travail et de loisirs des salariés de PhosAgro, les employés de l'entreprise pouvant se rendre à l'église à tout heure de leur travail au-cours d'une pause ou même à l'heure du déjeuner. Et pour les grandes fêtes orthodoxes, les liturgies se déroulent dans ces églises, une chorale de salariés s'est constituée, les paroissiens peuvent se confesser et prendre la communion, demander un baptême ou la bénédiction d'un mariage.

La société privée PhosAgro encourage activement la restauration des églises orthodoxes en Russie et à l'étranger, et contribue à la renaissance des écoles du dimanche et au renforcement de l'éducation spirituelle, dans de nombreux cultes de la ville et de la région. Mais ce n'est pas un cas unique, plusieurs industries russes de différents secteurs, sont sensibles aux besoins spirituels de leurs salariés.

Il suffit de se rappeler que l'été précédent, pour la première fois en près de mille ans d'histoire chrétienne, des particules de reliques de Saint Nicolas le faiseur de Merveilles qui se trouvaient à Bari (Italie), furent transférées en Russie à l'été 2017, environ 2,5 millions de croyants ont pu vénérer le sanctuaire où elles furent présentées. En outre, avec la bénédiction du patriarche Kirill, l'entreprise PhosAgro, organise des pèlerinages à Bari deux fois par an.

Ces églises sont le symbole et la voix que le peuple entend, la voix des prières et bénédictions. Cela est d'une grande importance pour l'entreprise, ses salariés, les habitants de la région, tous sont fiers du fait que cette société soit Orthodoxe. De tels élans de foi sont totalement impensables dans la société civile européenne occidentale et assurément pas, dans les entreprises résolument athées. C'est un grand tort, car si l'entreprise nourrit ses salariés, la foi permet aussi de nourrir l'homme et de lui apporter la force indispensable dans son travail et sa vie quotidienne.

Sa Sainteté le Patriarche Kirill de Moscou et de toute la Russie a remercié les travailleurs pour leurs efforts :

« Je suis très heureux de visiter cet endroit où fonctionne une équipe formidable, où les technologies les plus modernes sont mises en œuvre. C'est l'une des sociétés exemplaires en Russie », fin de citation.

Sa Sainteté a adressé un discours de bienvenue aux milliers de pèlerins venus de toute la région et a noté qu'il voyait un signe spécial dans la construction et l'ouverture de nouvelles églises dans le diocèse de Tcherepovets :

« Que le Seigneur vous protège, que PhosAgro se développe, que le bien-être de vos travailleurs augmente et que votre travail soit non seulement pour le bien de vous et de votre famille, mais également pour celui de notre patrie, de Tcherepovets, pour le bien de notre peuple », a souligné le patriarche Kirill.

Le primat de l'Église orthodoxe russe a également rappelé qu'il était dans les années 90 métropolitain de Smolensk et qu'il avait beaucoup vécu et voyagé dans les régions de province, auxquelles il demeurait très attaché.

Avant même la formation du diocèse moderne actuel de Tcherepovets, la société PhosAgro avait énormément aidé en apportant des fonds aux églises de Tcherepovets et de la région. L'entreprise PhosAgro a beaucoup fait pour l'éducation spirituelle et morale des salariés, faisant revivre l'ancienne tradition russe prérévolutionnaire, consistant à construire des églises avec leurs chapelles dans des usines. Et en très peu de temps, trois églises ont été construites selon cet ancien principe, ensuite elles sont devenues quatre.

La construction d'églises sur le territoire d'une grande entreprise est un exemple unique de la renaissance de la tradition orthodoxe prérévolutionnaire qui s'était perdue depuis cent ans, du jamais vu depuis plus d'un siècle, et selon Andrey Guryev, directeur général de PhosAgro :

« Par des événements comme ceux d'aujourd'hui, nous renouons avec les traditions prérévolutionnaires, lorsque des hommes d'affaires et des philanthropes construisaient des églises sur le territoire des manufactures, des usines pour ceux qui y travaillent. Je souhaite à chacun de faire preuve de diligence dans ses prières et son travail, car c'est ce zèle qui nous procure finalement du bien-être », fin de citation.

En 2017 Monseigneur Flavian, évêque de Tcherepovets et Belozersk, avait célébré la grande consécration de l'Église du Saint Prophète Élie et la liturgie solennelle dans la nouvelle église construite sur le territoire du complexe d'azote Apatit JSC (Апатит) à Kirovsk de Murmansk. JSC Apatit est actuellement un vaste complexe minier et chimique composé de quatre mines, de trois usines de concentration et de diverses unités de soutien spécialisées dans l'extraction de matières premières minérales commercialisés en Russie, Finlande, Pologne, en Norvège, Belgique et aux Pays-Bas.

Le dimanche 17 décembre 2017, jour du saint martyr Barbara, intercesseur céleste des mineurs, une grande consécration collective d'églises a eu lieu, depuis le complexe de phosphore de la société PhosAgro à Tcherepovets, jusqu'à à la mine de Kirov de la même société dans la région de Mourmansk.

Le Métropolite de Mourmansk et Monchegorsk Simon, l'évêque de Tcherepovets et Belozersk Flavian, le vice-président du conseil d'administration de PhosAgro Andrei G. Guryev, le directeur général de PhosAgro Andrei A. Gurev, le directeur général d'Apatit Mikhail Rybnikov, l'adjoint Directeur général de PhosAgro Valery Fedorov, des employés d'entreprises, des citadins et les autorités locales étaient présents.

Le Métropolite de Mourmansk et Monchegorsk Simon ajouta à son tour :

« Je me demandais comment appeler ce qui s'était passé aujourd'hui. L'église est née ici, comme chacun de nous est né, comme est né l'enfant Jésus-Christ. Et tout comme un enfant né, requiert une attitude bienveillante à son égard, nous devons soutenir la formation de l'église. Ensuite, cela servira réellement au bénéfice de notre amélioration. C'est une chose digne, de construire et de créer quelque chose pour le salut de l'âme et pour les générations futures, afin d'assurer la succession spirituelle », fin de citation.

Rappelons que le rite de consécration de la première pierre de la fondation d'une nouvelle église orthodoxe en l'honneur de Sainte Barbara sur la mine de Kirov, fut été célébrée par Sa Sainteté le patriarche de Moscou et de toute la Russie Kirill le 19 août 2016, en présence de Monseigneur Kovtun métropolite de Mourmansk

Dans son discours, le vice-président du conseil d'administration, Andrey G. Guryev, a remercié le patriarche Sa sainteté Kirill et les représentants de l'église orthodoxe russe dans les régions d'implantation du groupe PhosAgro, d'avoir soutenu les initiatives de la société afin de redonner vie aux valeurs spirituelles. Soulignant, que la construction de l'église de Prizavodsk, selon Andrey G. Guriev :

« Vise avant tout à renforcer la spiritualité parmi les employés de l'entreprise, les familles de travailleurs, la prospérité de nos entreprises et les villes ou la société est présente. Ce sera la paix dans l'âme et nous aurons tous confiance en l'avenir », fin de citation.

Tandis que la mairesse de Tcherepovets, Elena Avdeeva, félicita dans sa ville, les employés de l'entreprise pour l'ouverture de nouvelles églises et remercia l'entreprise PhosAgro, pour son attachement aux valeurs spirituelles :

« PhosAgro, en tant que producteur d'engrais minéraux de premier plan, s'emploie très activement à fournir de la nourriture à presque tous les pays du monde. Mais l'homme ne vit pas que du pain. L'entreprise accorde une grande importance à l'éducation spirituelle et morale des habitants du pays. Et ces églises en sont une autre confirmation », fin de citation.

Le directeur général de PhosAgro, Andrei A. Guriev, après la consécration des églises, retint l'attention de tous lors de la formulation de son engagement personnel :

« Nous ouvrons simultanément quatre églises à la fois, ces jours-ci. Il s'agit en effet d'un événement important dans l'histoire de l'entreprise et dans l'histoire moderne de la Russie, en particulier en 2017, lorsque nous célébrons le centenaire de la restauration du patriarcat en Russie.

Nous rétablissons la vieille tradition prérévolutionnaire, lorsque les propriétaires des manufactures et des philanthropes construisaient des églises à côté des entreprises pour les employés, afin de pouvoir prier avec ferveur, renforcer leur foi et améliorer leur professionnalisme.

Et c'est le bien-être d'aujourd'hui et de demain, que nous souhaitons à vous et à vos familles », fin de citation.

PhosAgro encourage activement la restauration de lieux de culte en Russie, l'entreprise apporte une aide financière considérable à la restauration et construction d'églises, cela contribue sérieusement à la renaissance des écoles du dimanche et au renforcement de l'éducation spirituelle, des jeunes générations, tout autant qu'aux salariés de la société.

L'année précédente (2016), en reconnaissance de l'assistance portée à l'église orthodoxe russe, la société PhosAgro s'est vu décerner le titre de Commandeur du Saint Prince Daniel de Moscou (Даниил Александрович), par le Patriarche Cyrille.

Le 19 août 2016, lors de son premier déplacement dans la métropole de Mourmansk, Sa Sainteté le patriarche Kirill de Moscou et de Toutes les Russies, avait visité la mine Kirov d'Apatit JSC (groupe PhosAgro). Sur le territoire de l'entreprise, le primat de l'Église orthodoxe russe célébra la cérémonie de consécration de la première pierre de la fondation d'une future l'église en l'honneur du saint grand martyr Barbara, patronne de l'industrie minière. Les caractéristiques actuelles (en juin 2019), des quatre églises construites par l'entreprise PhosAgro dans les régions où le groupe est présent, sont différentes de l'une à l'autre. Comme l'église en l'honneur du saint martyr Barbara à la mine de Kirov, région de Mourmansk.

Le 19 août 2016, lors de la grande visite de la hiérarchie hiérarchique dans la métropole de Mourmansk, Sa Sainteté le patriarche Kirill de Moscou et de Toutes les Russies a visité la mine Kirov d'Apatit JSC (groupe PhosAgro).

Sur le territoire de l'entreprise, le primat de l'Église orthodoxe russe a célébré la cérémonie de consécration de la première pierre de la fondation de l'église en l'honneur du saint grand martyr Barbara, patronne de l'industrie minière.

L'église aujourd'hui finie à un étage, d'une superficie totale au sol de 56 mètres carrés, elle fut assemblée à partir de rondins de bois d'un diamètre de 30 cm avec jointures chevauchantes dans les angles, provenant d'une taille réalisée dans la forêt d'Arkhangelsk en hiver. Le schéma volumétrique global est octogonal de 8 mètres sur 12,5 mètres, l'architecture est décomposée en trois éléments structurels, autel-temple-porche, le chauffage se fait par radiateurs électriques. L'élément le plus lourd de la décoration intérieure demeure son lustre pesant 140 kg.

La hauteur totale de l'église avec sa croix est de 21 M mètres, le bâtiment est recouvert d'une protection étanche également traitée contre les incendies sur toute la surface de la toiture en forme de tente nordique finissant naturellement par une coupole traditionnelle, réhaussée d'une croix chrétienne avec dorure.

L'iconostase présent, est naturellement en bois, composé de deux niveaux (registres), une rangée de personnages, une seconde rangée pour les représentations des fêtes religieuses chrétiennes orthodoxes. Les icônes qu'il renferme sont dorées à la feuille d'or, la peinture est réalisée sur la technique de la détrempe, à l'aide de peintures et pigments naturels broyés dans une substance soluble dans l'eau, comme le jaune d'œuf (la tempera à l'œuf), ou protéine du lait. L'une des étapes essentielles pour bien peindre les icônes est la préparation préalable de la tablette support. Le bois le plus utilisé est le tilleul, pour ses qualités de souplesse et d'homogénéité. La planche de bois peut être creusée pour former un cadre dans ses pourtours, ou laissée lisse. Comme le bois travaillera au fil du temps, il est entièrement recouvert d'une couche de colle pour le protéger des moisissures.

Après séchage, il est utilisé à nouveau de la colle pour le marouflage, c'est-à-dire le collage d'un tissu fin qui permettra d'avoir un fond souple et sans fissures, ou d'un gesso, fine couche de plâtre mélangé à de la colle par exemple.

Les artistes recouvrent ensuite le support par le Levkas, un revêtement composé de Blanc de Meudon et de colle qui sera poncé plusieurs fois, et servira de couche de base principale pour l'icône, viennent ensuite le dessin, la dorure, la peinture. Dans la peinture traditionnelle de l'icône, les artistes vont de l'ombre à la lumière, peignant en premier les couches et les contours sombres, puis ils éclaircissent progressivement les visages, pour obtenir des détails. Commençant généralement par la peinture du fond, puis des vêtements et en dernier les visages. La couleur des visages fait l'objet de règles différentes selon l'école iconographique suivie, l'école de Moscou privilégie le vert-brun, tandis que celle de Novgorod est proche du brun chocolat par exemple.

Les visages sont aboutis par des petites touches d'éclaircissement très diluées, des glaçages, l'illumination des visages, finissant par des halos, et des touches sur les habits suivis par la calligraphie nominative de l'icône.

Une dernière étape est nécessaire une fois la peinture complètement sèche, le vernis de finition, traditionnellement l'olifa, ou recouvrement à base d'huile de lin naturelle. Une fois appliqué, il devra ensuite impérativement sécher pendant deux mois au minimum.

D'autres types de vernis utilisés dans les temps modernes sèchent plus rapidement, mais sont destinés à des icônes domestiques vendues en magasin à plus bas prix.

Les portes royales sont doubles, avec quatre évangélistes et l'Annonciation, fixées sur des piliers recouverts de feuilles d'or, enluminées à la main de dorures étincelantes.

Pour l'Église du Saint Grand Martyr Barbara sur le complexe phosphoreux à Tcherepovets, il y a six cloches en bronze sur le clocher, la plus grosse pèse environ 130 kg.

L'église à deux étages, elle est d'une superficie totale de 168,5 carrés au sol. La superficie du premier étage est de 143,6 mètres carrés, le chœur, de 17,3 mètres carrés, le clocher de 7,6 mètres carrés.

Ses mensurations sont de 18,6 sur 9,8 m, sa hauteur de 20,5 m (atteignant avec sa croix 22,350 m). En plus du porche traditionnel, de la partie principale, du clocher et de l'autel, il y a un réfectoire. L'élément le plus lourd de la décoration intérieure est le lustre pesant 190 kg.

L'iconostase sculptée fut réalisée par les maîtres de l'atelier de peinture d'icônes « Lik » de la ville de Rybinsk, sur un support en bois de hêtre et de tilleul, incluant 50 icônes ainsi que 11 cadres avec verre pour les icônes, réalisés dans le style de la Russie du Nord.

L'église du Saint Prophète Élie sur le complexe d'azote à Tcherepovets comporte une superficie totale de 112,6 mètres carrés avec une hauteur de 26,1 mètres avec croix. Le dôme et la croix sont recouverts de nitrite de titane.

Le clocher dispose de huit cloches, parmi elles, la plus grande, celle de l'évangélisation, pèse 270 kg.

L'église se compose d'un porche, d'une partie centrale puis de l'autel. L'iconostase sculptée comporte 49 icônes réalisées par le maître iconographe de l'atelier de peintures d'icônes « Lik » de la ville de Rybinsk.

En ce qui concerne l'église du grand martyr et guérisseur Saint Pantelemon au centre de loisirs Sosnovka à Tcherepovets, la superficie totale est de 54,8 mètres carrés au sol, avec une hauteur de 18,5 mètres avec sa croix. Le dôme et la croix sont recouverts de nitrite de titane. Il y a six cloches dans le clocher, dont la plus grande, l'évangéliste, pèse 64 kg.

L'iconostase sculptée et ses 33 icônes ont été réalisées par les maîtres de l'atelier de peinture d'icônes Lik de la ville de Rybinsk. La base de loisirs Sosnovka est dans le secteur de Kaduisky de Tcherepovets (База Отдыха Сосновка, Кадуйский район, Череповец), située sur les rives de la rivière Souda, dans le village de Khokhlovo (Хохлово), à 50 km de la ville de Tcherepovets. Elle est un village de vacances destiné aux comités d'établissement d'entreprise afin de permettre aux salariés et à leurs familles de prendre des vacances dans un cadre forestier. Il existe de nombreuses possibilités d'activités en plein air, un centre de sport et de remise en forme avec une piscine, un sauna et une salle de fitness à la disposition des clients, des terrains de sport, une patinoire et une piste de ski en hiver. Monseigneur Flavian, évêque de Tcherepovets et Belozersky, s'était déplacé tout particulièrement, pour célébrer un grand rituel de consécration de l'église en l'honneur du saint martyr et guérisseur Pantelemon au centre de loisirs de Sosnovka, en l'honneur de ce saint prophète des chimistes, il s'est adressé à la foule avec un mot pastoral chaleureux :

« Aujourd'hui, une grande consécration d'églises a été accomplie et, selon le plan de la société PhosAgro, devrait sanctifier le travail et les activités des entreprises dans les endroits où les gens travaillent, produisant tout ce qui est nécessaire à la fertilisation et au renforcement des sols. Nous croyons que le Seigneur et l'ange gardien de ce lieu seront toujours là, sanctifiant et couvrant de ses ailes bénies, tous ceux qui viennent dans ces églises prier, tous ceux qui demandent de l'aide au Seigneur, tous ceux qui remercient Dieu de ses bénédictions. Qu'il envoie à tous ceux qui demandent à Dieu de les renforcer et de les inspirer pour le travail à venir », fin de citation.

Une fois ce grand chapitre consacré à la renaissance culturelle religieuse grâce à l'aide de philanthropes et d'entreprises privées, afin de conclure sur les monastères en Russie en général dont la liste est conséquente[9], il faut en retenir dix parmi les plus anciens :

Monastère de Pskov-Petcherski
La laure de la Trinité-Saint-Serge, région de Moscou
Monastère de la Transfiguration Valaam
Monastère de la Présentation de la Vierge, d'Optina
Monastère de Kirillo-Belozersky
Monastère de la Transfiguration de Solovetski
Monastère de l'Annonciation de Nijni Novgorod
Monastère de la Transfiguration Murom
Couvent Rizopolozhensky
Monastère Saint-Georges de Iouriev, vers Novgorod

Nous n'oublierons pas pour autant le Mont Athos (Афон) en Grèce, parmi les bienfaiteurs les plus célèbres figure le principal propriétaire de PhosAgro Andrey Guryev, déjà cité précédemment comme généreux instigateur de la construction d'églises sur ses sites industriels.

D'autres grands patrons soutiennent les vingt monastères du Mont Athos financièrement, l'homme d'affaires Arkady Rotenberg, l'ancien chef des Chemins de fer russes Vladimir Yakounine, développeur et créateur du Musée de l'icône russe Mikhail Abramov, l'homme d'affaires russo-grec Ivan Savvidi. Le service de pèlerinage Svyatorets (Святогорца) reconnu pour l'organisation de pèlerinages pour des grouppes de fonctionnaires ou d'employés de sociétés privées comme de Rosneft et de Gazprom. De nombreux comités d'entreprise proposent à leurs employés sur leur catalogue de loisirs, des pèlerinages sur des lieux spirituels en Russie ou à l'étranger.

---

[9] https://ru.wikipedia.org/wiki/Список_монастырей_России

Depuis environ 2005, le montant total des dons des Russes aux monastères d'Athos s'est élevé à plus de 200 millions de dollars, a déclaré une source proche de la direction du patriarcat au service russe de la BBC. Au total, il y a 20 monastères sur le mont Athos, dont 17 sont principalement habités par des frères grecs. Mais après avoir rompu les relations officielles entre l'Église orthodoxe russe et le patriarcat œcuménique de Constantinople, hormis les pèlerinages au mont Athos, la participation et la présence Russe est réduite à un infime petit nombre de moines qui n'ont pas le droit de gérer ou diriger les cloitres monacaux.

Athos est un lieu de prédilection pour le tourisme spirituel de nombreux Russes de haut rang comme le président Vladimir Poutine, qui s'est rendu deux fois au Mont Athos, l'ex-gouverneur de Saint-Pétersbourg, Georgy Poltavchenko, et Alexandre Beglov, et de nombreux autres hommes d'affaires et dignitaires russes. Toutefois, bien naturellement, les sites situés sur le territoire de la Fédération de Russie demeurent, et le seront toujours, les plus charismatiques, les points d'ancrage où la vie eucharistique, la fraternité, la foi puise la Vie pour irriguer les lieux et l'âme de ceux qui les fréquentent.

Le Christ est ressuscité, Христос Воскресе !
En vérité il est ressuscité, Воистину Воскресе !

Que Dieu vous bénisse tous.

François Garijo

TABLE DES MATIERES

ISBN 979-10-97252-16-8